Nadia Shehadeh

Anti-Girlboss

NADIA
SHEHADEH

ANTI-
GIRLBOSS

Den Kapitalismus vom Sofa aus bekämpfen

Ullstein

Besuchen Sie uns im Internet:
www.ullstein.de

Wir verpflichten uns zu Nachhaltigkeit
- Klimaneutrales Produkt
- Papiere aus nachhaltiger Waldwirtschaft und anderen kontrollierten Quellen
- ullstein.de/nachhaltigkeit

MIX
Papier
FSC FSC® C014496

Ullstein ist ein Verlag der Ullstein Buchverlage GmbH
ISBN 978-3-550-20220-9
2. Auflage 2023

Gesetzt aus der Albertina powered by *pepyrus*
Druck und Bindearbeiten: GGP Media GmbH, Pößneck

»Work as I've been told.
In return I get money.«
(The Knife)

Eins vorweg: Jede_r kann ein Anti-Girlboss sein, ganz egal, ob man sich als Frau, Mann oder non-binär identifiziert. Dennoch muss ich vorab zugeben, dass ich in diesem Buch sehr viel über »Frauen« schreibe – auch, weil die Girlboss-Diskurse, denen ich mich angenähert habe, selbst sehr binär operieren. Wenn ich von Frauen spreche, meine ich damit alle Personen, die sich als weiblich identifizieren oder als Frauen wahrgenommen werden. Andersrum meine ich mit Männern all diejenigen, die als Männer gelesen werden oder sich als männlich identifizieren. Dort, wo ich auf Texte, Studien und andere Quellen verweise, habe ich Inhalte so übernommen, wie ich sie vorgefunden habe. Ansonsten verwende ich einen Gender-Gap, also einen Unterstrich, der typografisch wie auch symbolisch Raum schafft für Menschen, die sich nicht allein in der Zweigeschlechtlichkeit von Frau und Mann wiederfinden.

Inhalt

Prolog

»Oh Mann, heute habe ich richtig Bock zu arbeiten!«, ist wahrscheinlich einer meiner Lieblingssätze. Lol. Leg das Buch noch nicht weg. Das war ein kleiner Witz. »Heute nicht mit mir!«, trifft es schon eher, denn »Heute nicht mit mir«-Tage sind einfach die besten. Arbeiten? Na ja. Keine Termine und keine Verpflichtungen? Das trifft schon eher meine Vorstellung von einem perfekten Tag!

Müßiggang und gemütliche Stunden, in denen ich im Schlafanzug vor mich hinchillen kann, ohne dass irgendjemand etwas von mir will oder mir sonst wie auf den Keks gegangen wird – das ist meine Vorstellung vom Paradies. Und meine Lieblingsbeschäftigungen sind an »Heute nicht mit mir!«-Tagen die, die genau genommen eigentlich gar keine richtigen Beschäftigungen sind: chillen, die Wand anstarren und über sinnloses Zeug nachdenken – zum Beispiel darüber, ob die Schauspielerin Brittany Murphy 2009 an einem grippalen Infekt oder einem Schimmelproblem in ihrem Haus gestorben ist. Ihr seht schon: Ich liebe »Aktivitäten«™, von denen immer gesagt wird, dass man sich ihnen eher nur dosiert hingeben soll, wenn man ein produktives und salonfähiges Mitglied der Gesellschaft sein will. Ich mag Dinge, die ich in meinem Alter (ich bin Jahrgang 1980) eigentlich nicht mehr so gut finden sollte. Dazu gehören:

Prokrastinieren. Prokrastination hat einen furchtbar schlechten Ruf, und seit man herausgefunden haben will, dass es sich um ein emotionales und kein Zeitmanagement-Problem handelt, ist **sie** sozusagen der Endfeind – aber nicht für mich. Prokrastination hat mir schon viele gute Dinge beschert: Ein neues Badezimmer, saubere Fenster, eine von A bis Z sortierte Plattensammlung. Es gibt durchaus Schlimmeres. Wenn es also heute etwas gibt, das du auf morgen verschieben kannst: Nur zu. Solange keine_r stirbt und du nicht im Gefängnis landest, kann es so schlimm nicht sein!

Stundenlang auf mein Handy starren. Ebenfalls sehr verpönt, weil es – so wird landläufig angenommen – dumm, träge und antriebslos machen kann. Stundenlang auf sein Smartphone gucken ist der Inbegriff von Losertum – und, wenn ich ehrlich bin, wahrscheinlich mein größtes und erfolgreichstes Hobby. Ich bin ein Champion am Smartphone und schäme mich nicht dafür. Auch Doublescreening, also das Benutzen von mehreren technischen Devices gleichzeitig, gehört zu meinen Spezialitäten: Auf einem Tablet eine Serie gucken und nebenbei auf dem Handy bei Instagram die Schauspieler_innen stalken? Meine Königsdisziplin!

Intensiv in den sozialen Netzwerken im Internet herumturnen: Auch hier bin ich Meisterin meines Fachs, obwohl ständig davor gewarnt wird, dass eine exzessive Nutzung negative Auswirkungen auf das Wohlbefinden haben und im schlimmsten Fall zu Depressionen führen kann. Mir haben die Sozialen Netzwerke schon viele schöne Stunden und vor allem viele neue Freund_innen gebracht. Deswegen scrolle ich weiter – ohne schlechtes Gewissen.

Ich hänge so viel auf Facebook rum, dass ich wahrscheinlich eine der ersten User_innen war, bei denen diese neue Warnung auf der Startseite landete: »Nutze Facebook nicht, um dich abzulenken! Finde heraus, wie viel Zeit du in der Facebook-App auf diesem Gerät verbringst!« – ungefähr so. Und was soll ich sagen: Wenn sogar schon Mark Zuckerbergs Imperium dir mitteilt, dass du zu oft und zu lang in seinem sozialen Netzwerk rumpimmelst, dann ist da wahrscheinlich was dran. Ich bin eine Slackerin, ein Faulpelz, wenn FDP-Fritze Christian Lindner eine wie mich treffen würde, liefe es ihm kalt den Rücken runter.

Ich mache all das, was angeblich nicht so gut ist, wenn man die beste Version seiner selbst sein will. Aber was soll ich sagen: Ich bin zufrieden – meistens jedenfalls. Ich habe alles im Griff. Meine Wohnung ist sauber. Ich gehe arbeiten, ich bezahle meine Rechnungen und Steuern – richtig erwachsen. Ich will mich nicht optimieren, denn ich finde mich optimal genug. Ich bin durchschnittlich, glücklich damit, und Menschen, die mich persönlich kennen, würden das mit Sicherheit unterschreiben.

»Das Patriarchat hat uns lange genug ausgemergelt«, hat eine Freundin mal gesagt. »Ich finde, es ist an der Zeit, dass die Leute und vor allem auch wir uns endlich mal in Ruhe lassen.« Und ich finde, das trifft den Nagel auf den Kopf.

Seit ich beschlossen habe, dass Auszeiten nicht nur angenehm, sondern auch wunderbar subversiv sind, nehme ich sie mir öfter. Ich liebe es, mich in wirklich skurrile Themen zu vertiefen (meine Fachgebiete: das Schimmelproblem in Brittany Murphys Haus, die turbulente Beziehung von INXS-Sänger Michael Hutchence und Paula Yates und die Küchenutensilien von Schauspielerin Debi Mazar). Ich mache gern Dinge, die weder mir noch jemand anderem etwas bringen außer Spaß. Je sinnloser, desto besser.

Ich gehe zur Arbeit, weil ich muss. Ich mache Feierabend, sobald ich kann. Ich besitze mehrere Flauschbademäntel, und wenn ich mich nach einem Arbeitstag oder verrichteten Aufgaben in einen einpacke, überkommen mich nahezu religiöse Gefühle, die ich entsprechend verbalisiere: »Halleluja!«, stöhne ich dann, oder: »Gott sei Dank!«

Ich hänge gerne zu Hause herum, auch wenn einem ständig eingetrichtert wird, dass es da so stinklangweilig ist, dass man auf jeden Fall noch irgendwo arbeiten gehen muss, damit einem nicht die Decke auf den Kopf fällt. Mir fällt zu Hause nichts auf den Kopf, im Gegenteil: Ich kann lesen, Nickerchen machen, Videospiele spielen, Musik hören, Fernsehen gucken, und wenn es mir doch mal zu öde wird, kann ich Freund_innen einladen oder rausgehen und Orte aufsuchen, die nichts mit Arbeit zu tun haben. Denn davon gibt es eine Menge. Ich habe ein Lebensmotto, an das ich fest glaube: Ein halbwegs öder Tag zu

Hause ist immer noch besser als ein interessanter Tag bei der Arbeit. Wer was anderes behauptet, soll mich vom Gegenteil überzeugen – und das wird schwer.

Ein guter Tag geht für mich so: Ich wache auf, wann ich will, kann in meinem eigenen Tempo starten, ich kann mich treiben und überraschen lassen, welcher Schabernack mir als Nächstes einfällt. Bestenfalls verurteile ich mich am Ende eines solchen Tages nicht dafür, dass ich einfach nur gut gelaunt hindurchscharwenzelt bin, ohne etwas Bahnbrechendes auf die Reihe bekommen zu haben. Natürlich kenne auch ich all die Vorwürfe, die man sich machen kann, wenn man *einfach nur existiert*. Trotzdem versuche ich, mir diese Tage, wann immer es geht, zu gönnen – auch wenn sie selten sind. Oft müssen ein paar Stunden oder Minuten ausreichen, da auch ich meistens arbeiten oder Dinge erledigen muss, die mir von außen auferlegt worden sind, damit mein Alltag funktioniert. Und Verantwortung nehme ich nach wie vor ernst – auch wenn ich nicht ganz vorne mitschwimmen muss, heißt das nicht, dass ich mich komplett dem Nichtstun hingebe (obwohl es sehr schön wäre). Ich habe es aber geschafft, mich in einer Komfortzone einzurichten, in der ich mich meistens gerne aufhalte.

Und ich habe einen Verdacht: Es wimmelt da

draußen nur so von Menschen, die das Gleiche empfinden wie ich. Menschen zum Beispiel, die nicht erfolgreich sein wollen oder können, sondern sich durchs Leben bewegen, ohne ständig irgendwelchen Fantasiezielen hinterherzuhecheln. Die sich an Quatsch erfreuen und keine Lust haben, ständig abzuliefern und zu glänzen. Die sich immer öfter zurücklehnen, ohne zu denken, dass es eine Todsünde ist und unbedingt abtrainiert gehört. Menschen, die verstanden haben, dass es nicht der Sinn des Lebens sein kann, sich für ein Gesellschaftssystem auszubluten, das einem jeden Tag Energie abzwackt.

Auch ich habe lange gedacht, ich müsste irgendwie motivierter, dynamischer, ambitionierter, durchdachter und planvoller durch mein Leben wandeln, aber egal, was ich tat, ich kam nie an einen Punkt, an dem ich das Gefühl hatte: Jetzt ist es genug. Jetzt *bin ich* genug.

Ein besserer Job, eine schönere Wohnung, noch mehr Geld, noch mehr Sport, noch mehr Wissen, noch mehr Fremdsprachen, noch mehr Soft Skills, noch mehr Qualifikationen. Wenn ich eine Sache von der »To-achieve«-Liste abgehakt hatte, kamen gleich zehn neue dazu. Ein Teufelskreis. Bis ich irgendwann beschloss: Ich lasse es jetzt. Nicht als Achtsamkeitsübung, nicht als Resilienzförderungsstrategie, nicht als Zaubertrick, der mich insgeheim zu noch mehr

Produktivität verführen wird, nein: Ich lasse es einfach, aus Prinzip – und erlaube mir, aus dem Hustle auszusteigen.

Dieses Buch ist nicht für Girlbosse, sondern für Girl-Angestellte, Girl-Workerinnen, Girlloser und andere Anti-Girlbosse. Es ist kein Achtsamkeitsratgeber und keine »How to Upgrade Your Life«-Bibel. Es ist ein Plädoyer dafür, sich in eine Wolldecke zu wickeln, eine Pizza in den Ofen zu schieben und sich Tagträumen hinzugeben – und zwar ohne schlechtes Gewissen. Es soll einen Anreiz liefern, hier und da ein Extra-Schläfchen einzuplanen und es als Widerstand gegen den Kapitalismus zu begreifen. Wer sich jetzt schon hinlegen will: Nur zu. Niemand stirbt, wenn du erst morgen weiterliest! Ich schon gar nicht, denn ich bin ausgeruht – und quicklebendig. Und das ist mehr, als ich mir wünschen kann.

Kein Girl, kein Boss, ein Anti-Girlboss

Ich bin ein Anti-Girlboss, und zwar aus Überzeugung. Als der Begriff »Girlboss« 2014 von der jungen US-amerikanischen Unternehmerin Sophia Amoruso in ihrem gleichnamigen Buch[1] popularisiert wurde, war ich so sehr Anti-Girlboss, dass ich mich mit dem Konzept gar nicht erst beschäftigte. Mit Mitte dreißig war ich 2014 weder ein »Girl« und ein Boss sowieso schon mal gar nicht. Die hinter dem Konzept stehende Idee, dass Frauen sich einfach mit einer ordentlichen Portion Ehrgeiz in der männlichen Erfolgswelt durchsetzen müssen, um das materialistische, karrierefokussierte Leben führen zu können, das sie sich schon immer ausgemalt hatten, war mir schon suspekt, bevor Amoruso auf der Bildfläche erschienen ist. Dass so als Sahnehäubchen obenauf auch noch gesellschaftlicher Wandel erreicht werden könnte, erst recht.

Ich widmete mich also erst später Amorusos Geschichte, und zwar als ich sie mir in leicht verdaulichen Häppchen in der ebenfalls gleichnamigen Netflix-Serie reinklingelte. Das ging ganz gut, denn fernsehtauglich ist ihre Erfolgsstory allemal – und damit ist auch gleich klar, dass ihre Geschichte eher die Ausnahme als die Regel ist. Die Amoruso-Geschichte ist mehr modernes Märchen als leicht umsetzbarer How-to-Guide. Außerdem hat sie weder die Welt noch die Arbeitswelt für Frauen unfassbar revolutioniert. Es ist die Geschichte einer weißen Frau, die mit einer guten Idee viel Geld gemacht hat. Soziale Missstände wie Rassismus, Sexismus, Ableismus und Klassismus wurden damit natürlich nicht beseitigt.

»Die Führungsetagen und Vorstände werden nicht einfach wie durch Zauberhand weiblicher, sondern durch ambitionierte Frauen, die nach oben streben und es sich eben nicht in der Küche im Eigentumsheim gemütlich machen«, schreibt die deutsche Schriftstellerin Mirna Funk in ihrem Buch *Who Cares! Von der Freiheit, Frau zu sein*[2], das 2022 erschienen ist. Auch wenn sie sich nicht als Girlboss bezeichnet, steckt in diesen Aussagen ein ausgeprägtes Lean-In-Girlboss-Mindset. Nicht nur, weil Funk selbst erfolgreich ist, sondern vor allem, weil sie harte Arbeit und Ehrgeiz als wichtige Instrumente der Selbstermächtigung und als Mittel zur Veränderung der Gesellschaft begreift. Mit ihrem Buch will sie andere Frauen anspornen, es ihr nachzutun.

Funk hat in Führungspositionen gearbeitet, ihre Talente richtig erkannt und genutzt und sie ist vor harter Arbeit nicht zurückgeschreckt, um sich das Leben aufzubauen, das sie sich gewünscht hat. Aus der in Vollzeit arbeitenden alleinerziehenden Mutter, der keine Arbeit zu nieder, zu schlecht bezahlt oder zu anstrengend war, ist eine erfolgreiche Autorin auf Bestseller-Niveau geworden: ein Ein-Frau-Unternehmen, das sich rentiert. Und Funk vermittelt die gute Nachricht: Wenn sie es geschafft hat, dann können alle es schaffen, sofern sie sich nur trauen und endlich mal anpacken.

Als Antithese zu ihrem Lebensmodell macht sie vor allen Dingen »Reihenhaus-Feministinnen« aus: Cis-hetero-Frauen, die teilweise oder auch komplett finanziell von ihren Cis-Männern abhängig sind, sich um die Kinder kümmern und den ganzen Tag jammern – bevorzugt auf Twitter. Frauen aus einem bürgerlichen Milieu, die aber trotzdem über kaum oder nur wenig eigenes Einkommen verfügen, scheinen Funk also ein Dorn in Auge. Es ist eine ähnliche Trope wie die Latte-macchiato-Mütter aus dem Prenzlauer Berg, die ab 2011[3] ein beliebtes Feindbild im Feuilleton wurden. Frauen, die nicht außer Haus arbeiten, sondern sich der Care-Work im Haushalt und der

Kindererziehung widmen, während die Gutverdiener-Ehemänner die Patte heranschaffen – das war vor über zehn Jahren schon verdächtig.

Doch auch die Frauen, die Funk zu *mehr* inspirieren möchte, haben erst mal eine Menge vorzuweisen: Nämlich im besten Fall eine gute Ausbildung, eine Familie und ein schmuckes Zuhause. Und ich finde, das ist richtig viel – auch wenn das Ganze mit der altbekannten patriarchalen Abhängigkeitsfalle verbunden ist. Frauen, die sich jeglicher Leistungs- oder Anpassungsbereitschaft entziehen, existieren in Funks Plädoyer nicht – was zeigt, wo wir gesellschaftlich stehen. Dass Frauen, die Kinder haben, beruflich nicht richtig durchstarten wollen, scheint ärgerlich genug. Dass Frauen, die keine Kinder haben, vielleicht auch keine Karriere haben möchten, scheint eine komplett absurde Idee zu sein. Richtig faule Frauen? Frauen, die nur machen, was sie müssen? Oder sogar weniger? Kann es die geben? Ich vermute: Sie existieren wahrscheinlich noch nicht in Massen, aber sie machen sich auf den Weg. Und das ist gut so.

Das Karrierefrauen- und Girlboss-Zeitalter ist nämlich langsam ein alter Hut. Die Zeiten ändern sich, und die Zeichen, dass viele Flaggen inzwischen in Richtung einer Revolution des Ausruhens wehen, umzingeln mich jetzt, im Sommer 2022, während ich diese Zeilen tippe, nahezu täglich. Ich muss nur die

Schlagzeilen und den aktuellen Popkultur-Radar checken, um zu merken, was Sache ist: Auf meinem Nachttisch liegt der Bestseller *Slothilda: Living The Sloth Life*[4] – ein charmantes Bilderbuch für Erwachsene, in dem ein Faultier Lektionen zum komfortablen Leben erteilt. Die US-Sängerin Beyoncé hat mit »Break My Soul« quasi eine Anti-Work-Hymne vorgelegt, und alle, die im Sommer zu »Release ya job, release ya mind« getanzt haben, haben sich wahrscheinlich auch irgendwie von diesen Lyrics abgeholt gefühlt.

Als Aufnahmen von Reality-Star und Mode-Unternehmerin Kim Kardashian in den sozialen Medien auftauchten, in denen sie den inzwischen berühmt-berüchtigten Satz »It seems like nobody wants to work these days« fallen ließ, hagelte es so viel Spott und Häme, dass sie sich dazu veranlasst fühlte, sich für diese Aussage zu entschuldigen. Alles nicht so gemeint, aus dem Zusammenhang gerissen, das Übliche. »Ich weiß, dass Frauen hart arbeiten«, gab sie schuldbewusst zu[5].

Aber nicht nur diese Botschaften aus der Popkultur verweisen auf ein neues Mindset: Auch der Arbeitsmarkt trifft neuerdings auf Leute, die keinen Bock mehr haben, sich totzubuckeln. Chefs mittleren und höheren Alters beschweren sich im deutschen Feuilleton, dass die jüngere Generation »nicht mehr arbeiten will« und rätseln, warum es Leuten keinen Spaß mehr macht, sich 40 Stunden und mehr pro Woche von einer Firma ausbeuten zu lassen. Ergänzend werden in verschiedensten Medien Impressionen des um sich greifenden Fachkräftemangels präsentiert: Chaos an Flughäfen europaweit, da das Personal fehlt. Ein Dienstleistungssektor, der kurz vor dem Kollaps steht, da sich Leute mittlerweile aussuchen können, wo und zu welchen Konditionen sie arbeiten wollen. Bäckereien und Frischhaltetheken in deutschen Supermärkten, die früher schließen müssen, weil sie nicht mehr alle Schichten mit Personal besetzen können. Die Hierarchien bei Bewerbungsprozessen fallen zunehmend zugunsten der Arbeitnehmer_innen aus – nicht mehr sie scheinen die Firmen von sich überzeugen zu müssen, sondern umgekehrt.

Woher das Personal nehmen, das überall fehlt? Aus der Politik neoliberaler Prägung kamen dazu prompt Vorschläge, die wie Mühlen im dicken Eiswasser wirkten, wenn man sich die Bedürfnisse der Erwerbstätigen anschaut: »Wollen wir Menschen nicht lieber wieder mehr verdienen lassen, indem wir etwas länger arbeiten?«, fragte etwa der frühere SPD-Chef Sigmar Gabriel in der *Bild am Sonntag* – und plädierte für eine 42-Stunden-Woche.[6] Ich bekam sofort Gänsehaut, als ich das las. Ökonom_innenstimmen warben für die Rente ab 70, und Bundesminister der Finanzen Christian Lindner aus der FDP wünschte sich »mehr Überstunden«.[7] Außerdem empfahlen einige Experten[8], sich endlich mal an die Frauen ranzumachen, die lieber in Vollzeit oder Teilzeit zu Hause chillen (aka Kinder erziehen und den Haushalt schmeißen), anstatt sich vollständig dem Arbeitsmarkt hinzugeben: Die Stärkung der Erwerbstätigkeit von Frauen auf struktureller Ebene sei wichtig, da sie »nicht nur enormes wirtschaftliches Potenzial für Deutschland mobilisieren«, sondern auch »die Sozialsysteme zukunftsfester machen«[9] würde. Nur etwa 35 Prozent der Frauen im erwerbsfähigen Alter arbeiten in Vollzeit, und 20 Prozent sind beruflich komplett inaktiv. Das findet man auf einmal scheiße, obwohl man vorher vor allem in Westdeutschland jahrzehntelang darauf hingearbeitet hatte, Frauen möglichst hinter dem Herd zu halten.

Heute ist man froh, wenn Frauen überhaupt umfangreicher arbeiten als bisher – auf der großen Suche nach »Girlbossen« ist man nicht. Aber Girlbosse stellen sich auch nicht hinter die Bäckereitheken, putzen keine Bürogebäude, arbeiten nicht als Erzieherinnen, fahren keine Busse. Girlbosse fühlen sich zu Höherem berufen.

Aber: Selbstverständlich darf man nicht außer Acht lassen, wie sexistisch der Begriff »Girlboss« eigentlich ist. Von einem »Boyboss« würde man nie sprechen – die Idee scheint so absurd, dass sie fast schon lustig ist. Aber man braucht einen Terminus wie »Boyboss« auch einfach nicht, denn dass Männer die Fäden in der Hand haben, wurde immer schon als Status quo betrachtet, während alles, was Frauen tun oder erreichen, immer noch als nachahmenswerte Ausnahme verkauft wird.

Der Punkt, der mich zum kompletten Gegenteil vom Girlboss macht, ist ansonsten schnell erklärt: Ich glaube nicht, dass Erfolg Menschen freier und die Gesellschaft besser macht. Die Idee, dass es Girlbosse gibt, geht auch immer einher mit der Vorstellung, dass unser ungerechtes System eigentlich offene Türen hat – und zwar für alle, die es wirklich schaffen wollen. Das stimmt natürlich nicht. Wer wo im sozialen Feld mitmischen kann, hat weniger etwas mit dem individuellen Willen zu tun, sondern mit der Strukturierung unserer Gesellschaft. Chancengleichheit gibt es bis heute nicht. Auf dem Arbeitsmarkt werden für verschiedene Aufgaben ungleiche Qualifikationen nachgefragt, außerdem fördert das deutsche Bildungssystem die Konkurrenz um knappe, privilegierte Ausbildungen für knappe, privilegierte Berufe. Bei der PISA-Studie 2018 gehörte die Bundesrepublik mit Platz 33 von 36 Nationen wiederholt zu den

Schlusslichtern beim Thema soziale Förderung der Schülerinnen und Schüler[10]. Immer noch stammt der Großteil vieler Studierenden aus Akademiker_innenfamilien. Kinder aus Familien ohne Hochschulerfahrung sind deutlich weniger repräsentiert: 79 Prozent der Kinder aus Akademiker_innenfamilien beginnen ein Studium, wohingegen es bei Nichtakademiker_innenkindern nur 27 Prozent sind, obwohl deutlich mehr die Hochschulzugangsberechtigung erhalten haben[11]. Es gibt Personengruppen, denen der Zugang zum Arbeitsmarkt und zu Bildungsangeboten systematisch verwehrt oder erschwert wird: Geflüchteten mit einem unsicheren Aufenthaltsstatus wie der Duldung zum Beispiel. Zwar sollen Menschen mehr arbeiten – aber bitte nicht alle, denn »wo kämen wir denn dann hin?«

Und auch die Lage der Frauen auf dem Arbeitsmarkt ist bis heute keineswegs ein Paradebeispiel für Gleichberechtigung: Sie arbeiten öfter in schlecht bezahlten Berufen, sind immer noch dem Gender-Pay-Gap unterworfen, stellen die Mehrheit der Teilzeitkräfte, heimsen weniger Rentenpunkte ein und waren zum Beispiel während der Corona-Pandemie häufiger von Arbeitslosigkeit betroffen.[12] Dass bei all diesen Widrigkeiten noch an den eigenen Ehrgeiz appelliert wird, halte ich für eine der manipulativsten Messages überhaupt; Ambitionen, oder besser gesagt den Drang, sich in beruflichen Settings »selbst zu verwirklichen«, für Humbug. Im Neoliberalismus kann es kein »verwirklichtes Selbst« geben – dafür ist das System zu ungerecht, zu spannungsgeladen, zu widersprüchlich. Es mag Menschen geben, die auf einem besonders privilegierten Platz gelandet sind und sich damit »selbstverwirklicht« fühlen – aber den Preis dafür zahlen genug andere Leute, die wichtige, aber unterbezahlte oder gar nicht bezahlte Arbeiten verrichten und sich dabei ausbeuten lassen müssen. Hier wiederum mischen Frauen ganz vorne mit: Sie stellten im Jahr 2020 in Deutschland über 80 Prozent der sozialversicherungspflichtig beschäftigten Pflegekräfte[13]. Aber auch andere Personengruppen wie Migrant_innen und Menschen mit Behinderungen werden nach wie vor systematisch auf dem Arbeitsmarkt benachteiligt, genauso wie Menschen mit (chronischen) Erkrankungen.

Ja, ich war auch mal ambitioniert, aber das habe ich weitestgehend eingestellt. Nicht nur aus Resignation, nicht nur aufgrund meines Soziologinnen-Backgrounds, sondern auch, weil ich mich entschied, meine Lebensrealität radikal zu akzeptieren. Schon kurz nach dem Einstieg ins »richtige« Berufsleben habe ich nach und nach angefangen, mich jeglichem übertriebenen Leistungsdenken zu widersetzen – und zwar in allen Lebensbereichen. Ich mache einen normalen, aber systemrelevanten Job, ich wohne seit vielen Jahren in einer absolut durchschnittlichen Wohnung in einer sehr unspektakulären (aber dafür schönen) Stadt, und ich habe mich auch von dem Ziel, eine eigene Familie zu gründen, verabschiedet. Mein Lebensmotto: keine Kinder und keine Karriere. Und wenn ich mich mit Freund_innen unterhalte, die unterm Strich gesehen wesentlich mehr als ich im Leben erreicht haben – jobtechnisch, finanziell, familien- und immobilientechnisch –, höre ich öfter: »Du machst es richtig.« Ich liege also irgendwie *im Trend*. Und das Wichtigste ist: Mir geht es gut. Mir geht es wirklich sehr gut. Ich könnte mir morgen theoretisch einen Kartell-Nachttisch im Internet bestellen oder mir beim Friseur für einen dreistelligen Betrag Keratin in die Haare ballern lassen. Ich könnte eine richtige Mitmach-Sau im Kapitalismus sein, und an manchen Tagen bin ich das wahrscheinlich auch. Bin ich deswegen ein Girlboss? Nein! Ich bin einfach eine privilegierte Person mit einer soliden Arbeitsstelle.

Wir kommen hier zu einem entscheidenden Punkt: Ich kann es mir leisten, auf Ehrgeiz zu pfeifen. Das ist mir bewusst. Damit meine ich nicht, dass ich jemals meine Arbeit schlecht gemacht oder all meine Träume aufgegeben habe. Vielmehr ist es so, dass ich gelernt habe, Grenzen zu setzen, und mich nicht damit abzufinden, blind irgendwelchen Zielen hinterherzujagen.

Ich gehöre nicht zu den Leuten, die gestresst durch ein Office hetzen und fünf bis sieben Tage pro Woche unfassbare Geschäftigkeit performen. Ich komme pünktlich und gehe pünktlich – und manchmal auch einfach dann, wenn ich alles erledigt habe. Ich weiß, was Minusstunden sind, denn, glaubt mir, ich hatte so einige davon. Irgendwann vor ein paar Jahren hatte ich in einem Job so viele, dass mein damaliger Chef mich in sein Büro zitieren musste. Ganz verdutzt verkündete er mir, dass ich quasi einen Minusstunden-Rekord im Unternehmen geknackt hatte – und das, obwohl meine Leistungen immer makellos waren. Wie konnte das sein? Erst war mir das ganze Gespräch unfassbar peinlich, aber dann war es ganz einfach erklärt: Ich hatte immer dann Feierabend gemacht, wenn ich meine Aufgaben erledigt hatte. Klar, ich hätte die Arbeitszeit auch abbummeln können, aber nachdem ich irgendwann meinen Schreibtisch geputzt, die Schränke im Büro entrümpelt und fast noch die Fenster geputzt hätte, entschied ich mich, nach Hause zu gehen. So sparte ich der Firma wahrscheinlich sogar noch Geld, weil ich nach Feierabend weder die Küchenmikrowelle, die Klospülung oder das Deckenlicht in meinem Büro in Anspruch nahm. Trotzdem sind Minusstunden offiziell keine prima Sache – das sah ich ein. Ich ließ zwei Urlaubstage in Arbeitsstunden verwandeln, versprach den Rest der Fehlzeiten aufzuholen, und damit hatte sich die Sache erledigt.

Versteht mich bitte nicht falsch. Vor allem, wenn ihr gerade Jobs machen müsst, die weder angenehm noch solide bezahlt sind, und in denen ihr auch keine großartigen Freiheiten habt. Oder wenn ihr aus irgendwelchen Gründen gerade nicht arbeiten könnt – das hier soll auf keinen Fall ein »Ihr müsst es nur so machen wie ich, und schon geht es euch ganz prima!«-Buch werden. Ich bin nicht hier, um irgendwem Lektionen für das gute Leben zu erteilen – jede_r entscheidet für sich selbst, was am besten funktioniert, okay? Im Übrigen ist meine Lebensphilosophie des Anti-Girlboss auch nichts Besonderes. Sie fügt sich ein in das Spannungsfeld kapitalistischer Strukturen, und sie ist wahrscheinlich weniger Ausdruck einer cleveren inneren Rebellion, sondern eher ein Produkt der Umstände, also der Macht- und Gewaltstrukturen, in die auch schnöde Lohnarbeit und alle anderen Arbeiten eingebettet sind. Das heißt aber nicht, dass das ein Grund zur Resignation sein muss. Im Gegenteil. Was passiert, wenn man entdeckt, dass es einem eigentlich ganz gut damit geht, keinen coolen Job zu haben, Dienst nach Vorschrift zu machen und viele Dinge einfach eine Runde langsamer angehen zu lassen, davon will ich erzählen. Und davon, wie ich überhaupt dort gelandet bin.

»Gaslight, Gatekeep, Girlboss«

Die schönsten Abende sind die, an denen ich einfach nichts zu tun habe und mich ziellos durch die diversen Apps auf meinem Handy klicke, während nebenbei der Fernseher läuft. So auch an einem Winterabend Anfang 2022, als ich in meinem kuscheligen Weihnachtsschlafanzug auf dem Sofa liege und die letzte Schokolade der vergangenen Festtage vernichte. Im Wohnzimmer fliegen etwa 20 goldene und silberne Luftballons herum, die meine kleine Silvesterparty überlebt haben und die ich noch nicht weggeräumt habe. Meine Schwester fragt mich im WhatsApp-Chat nach einem Rezept, das ich ihr postwendend schicke. »Wieso antwortest du immer so schnell, hast du keine Freunde? Hast du nichts zu tun?«, schreibt sie verwundert zurück, und benutzt dabei das bekannte Auslach-Emoji. »Warum ich so schnell antworte? WEIL ICH EINFACH IMMER MEIN HANDY IN DER HAND HABE!«, antworte ich ihr.

Dann lachen wir uns gemeinsam im Chat kaputt. Ja, es stimmt, ich habe meistens mein Handy in der Hand. Aber ich habe auch eine gute Ausrede: Ich muss am Zahn der Zeit bleiben, um auf dem neuesten Stand zu sein, was die Themen, über die ich schreibe, angeht. Gut, vielleicht mag ich es auch nur, so meine Zeit totzuschlagen.

Ich öffne meine neue Lieblingsapp, TikTok, und suche nach dem Hashtag »Girlboss«. 7,4 Milliarden Aufrufe werden mir angezeigt, ich beginne mich durchzuklicken. Clips, in denen weibliche Ikonen der Popkultur gefeiert werden, purzeln mir entgegen: Megan Thee Stallion, Blair Waldorf aus der Serie *Gossip Girl*, die Kardashian-Schwestern, Amy aus dem Film *Gone Girl*, Rihanna, Nicki Minaj, Gigi und Bella Hadid – dazwischen feiern sich junge Frauen dafür, wie sie entweder ihren Job, ihre Boyfriends oder beides im Griff haben. Es ist eine sehr junge, sehr durchgestylte und sehr heteronormative Bubble, die mich anspringt.

»Nicht jammern, einfach machen!«, predigen die Karriere-Jüngerinnen nicht nur auf TikTok. Obwohl das Girlboss-Mindset schon ein älteres Modell ist, verführt es anscheinend immer noch – auch weil es immer schon nicht nur individuellen Fortschritt, sondern eine bessere Welt versprach. Nur ein Jahr bevor die Entrepreneurin Sophia Amoruso ihr Buch *#Girlboss* veröffentlicht hat, hatte Sheryl Sandberg, die Co-Geschäftsführerin von Facebook, mit *Lean in: Frauen und der Wille zum Erfolg*[14] eine Karrierebibel verfasst. Darin ermutigte sie Frauen, hoch ambitionierte Ziele zu verfolgen und beim Weg »an die Spitze« innere und äußere Barrieren zu sprengen. Und ihr wisst ja bestimmt, was sie mit hoch ambitionierten Zielen meinte: Nicht die Liga »angestellte Teamleiterin bei der Arbeitsagentur«, sondern eher den seltenen Sonderfall Vorstandsvorsitzende im börsennotierten Spitzenunternehmen. Sowohl Amoruso als auch Sandberg haben in ihren Büchern dabei autobiografisch aus dem Nähkästchen geplaudert, um möglichst anschaulich zu verdeutlichen, dass man als Frau alles schaffen kann, wenn man es nur **will**. Ihre eigenen Karrieren prädestinierten sie als Postergirls für das neoliberale Leistungsprinzip mit Weltverbesserungspotenzial: Amoruso als Chief Executive Officer des über 100 Millionen Dollar schweren Online-Modeunternehmens »Nasty Gal« und Sandberg als Chief Operating Officer von Facebook. Beide Frauen sind ihrem Hintergrund gemäß untrennbar mit dem Internet verbunden. Kein Wunder, dass der Girlboss-Hashtag milliardenfach im Netz verbreitet wird, wenn es sich um ein Phänomen handelt, das es ohne das Internet wohl nicht gäbe. Kein Wunder auch, dass es den typisch US-amerikanischen Traum, es durch schieren Willen vom Tellerwäscher zum Millionär zu schaffen, so offensiv aufgreift: Die Idee ist in Nordamerika schließlich immer noch verbreiteter als im pragmatischeren Deutschland. Seine Kreise zieht es trotzdem.

Girlbosse haben ihr Leben im Griff, sie sind dabei immer leichtfüßig und nie gestresst. Sie sind fordernd, aber niemals wütend. Sie wollen etwas erreichen, aber geben sich niemals bedürftig oder verzweifelt. Sie legen sich mit Chefs an, aber finden immer einen Kompromiss. Wie auf dem Silbertablett bieten sie sich einem System an, von dem nur wenige profitieren. Gleichzeitig haben sie wohl die Ahnung, dass es Frauen nach wie vor übel genommen werden könnte, sich allzu egoistisch in diesem System breitzumachen, weswegen die eigene Rolle oft als revolutionär und vorbildlich inszeniert wird. Ein zentrales Argument für das Girlboss-Sein bestand schon immer in der Behauptung, dass man im Rahmen der eigenen Führungsposition nicht nur Verbesserungen für sich selbst durchsetzen könne, sondern gleichzeitig auch für alle anderen weiblichen Führungs- und vor allem Arbeitskräfte im unternehmerischen Kontext. Girlbosse – so die Behauptung – verändern das System von innen heraus. Wenn einfach nur genug andere

Frauen es ihnen gleichtun, könnte Benachteiligung am Arbeitspatz bald der Vergangenheit angehören! Dabei rückt jedoch ein entscheidender Punkt in den Hintergrund – bewusst oder unbewusst: In der Regel haben diejenigen, die von einem System profitieren, wenig Interesse daran, es zu ändern. Es sind nicht die Frauen, die sich ändern müssen, damit sich die Verhältnisse ändern, sondern das System. Das aber passt nicht zur selbstwirksamen Girlboss-Philosophie. Statt auf systemische Ungerechtigkeiten hinzuweisen, sprechen Girlboss-Ideale die Unsicherheiten von Frauen an – und geben die Schuld an prekären oder weniger glanzvollen Lebenssituationen den Betroffenen selbst. Man solle sich den Herausforderungen stellen und an ihnen wachsen; sich dabei noch ständig selbst aufbauen und empowern. Für echte Systemkritik bleibt da weder Zeit noch Energie.

Aber die Gegenbewegung hat sich glücklicherweise formiert – auch im Internet, und zwar unter dem Hashtag »Gaslight, Gatekeep, Girlboss«. Letztlich kontrolliere man mit der Girlbosspose die Schleuse des Aufstiegs (»Gatekeep«), indem man manipuliert und verunsichert oder sich eine vermeintliche Wokeness schlicht zu Marketingzwecken auf die Fahnen schreibt (»Gaslight«). Dass an dieser Kritik etwas dran ist, zeigt sich nicht zuletzt an den toxischen Unternehmenskulturen, für die einige hochkarätige

Girlbosse in der Vergangenheit mitverantwortlich waren. Der Traum von der feministischen Erfolgsfrau, die anderen die Türen öffnet, ist mit jedem dekonstruierten girlbossigen Glanzbeispiel der letzten Jahre in weitere Ferne gerückt.

Im Sommer 2022 trat zum Beispiel Emily Weiss, die Gründerin von Glossier Inc., von ihrem CEO-Posten zurück[15]. Weiss galt lange als Girlboss-Urgestein und wurde sogar als »Last Girlboss Standing«[16] bezeichnet – und als sie dann abdankte, verkündete man das offizielle Ende der Girlboss-Ära.

Ihr Unternehmen für Hautpflege und Beauty, das sie 2014 gegründet hatte, war jahrelang phänomenal erfolgreich gewesen – auch weil man sich den Kund_innen gegenüber betont nahbar gab. Für Feedback-Runden wurden die Käufer_innen der Glossier-Produkte zum Beispiel zu Pizza und Rosé ins Glossier-Office geladen. Auch inszenierte man sich betont divers: Die Make-up-Palette umfasste insgesamt zwölf verschiedene Hautfarben, um nicht nur weiße Frauen als Konsument_innen anzusprechen.

Im August 2020 – auf der Höhe der weltweiten »Black Lives Matter«-Proteste – wurde dann auf *Medium* ein anonymer Brief[17] veröffentlicht, in dem über rassistische und sexistische Vorfälle in Glossier-Shops geklagt wurde. Ebenso kritisierte man das Firmenmanagement, das nicht kompetent und willens genug war, die Mitarbeitenden vor diskriminierenden Erlebnissen zu schützen: Ein Kunde, der eine Mitarbeiterin ohne ihr Einverständnis massierte. Weiße Teenagerinnen, die sich einen Spaß daran machten, sich mit dunkleren Make-up-Tönen ein »Blackface« zu schminken. Eine Person in einer Führungsposition, die sich die Namen von BIPOC-Mitarbeiter_innen nicht merken konnte.

Auch andere Girlboss-Unternehmen mussten sich in der Vergangenheit immer wieder Kritik stellen, sodass insgesamt der Verdacht aufkam, dass die wunderbaren Trickle-down-Effekte eines Girlbosses an der Spitze nur schöner Schein sind: Amorusos Firma »Nasty Gal« geriet bereits 2015 unter Beschuss, als bekannt wurde, dass sich durch Kündigung systematisch schwangerer Angestellter entledigt wurde[18].

Aus einer catchy Überzeugung wurde ein Treppenwitz, als klar wurde, dass viele der Girlboss-Gründerinnen die von ihnen angepriesenen Werte (zum Beispiel Gleichberechtigung und Diversität) nicht wirklich in ihre Unternehmen tragen konnten oder wollten.

Als sich später einige Girlbosse gar als Betrüger_innen herausstellten, wurde medial prompt »das Ende der Girlboss-Ära«[19] verkündet. Das prominenteste Beispiel war mit Sicherheit Elizabeth Holmes, die jahrelang für ihre Firma *Theranos* als Genie gefeiert wurde und als CEO Investitionsgelder in schwindelerregender Höhe für ihre Firma einwarb. Theranos stellte angeblich revolutionäre Bluttestgeräte her, die in der Lage sein sollten, mit nur einem einzigen Blutstropfen eine Vielzahl an Diagnosen zu stellen – nur funktionierte keins von ihnen richtig. Von Holmes hatte ich zum ersten Mal gelesen, als ich vor einigen Jahren nach einer durchzechten Nacht ziemlich angeschlagen ein Fitnessstudio aufsuchte und mir eine zerfledderte Lesezirkel-Ausgabe vom *Stern* mit auf den Crosser nahm. Da war sie: schwarzer Rollkragenpullover, blondes Haar, stahlblaue Augen – geadelt als eine neue Art Steve Jobs, die das Zeug dazu hatte, die Welt zu verändern, und damit ganz nonchalant Milliardärin geworden war. Ich zweifelte keine Sekunde an dem Erfolg ihres Unternehmens und war gleichzeitig genervt von dem Erfolgshochglanzbeispiel, das mir an diesem Hangover-Tag aus einem Magazin zublinzelte. Entsprechend amüsiert war ich Jahre später, als sich ihr Unternehmen als aufgeblasener »Fake it ’til you make it«-Rohrkrepierer entpuppte.

Gleichzeitig aber fragte ich mich auch, warum gerade Frauen scheinbar mehr auf die Mütze bekommen, wenn sie glorreich scheitern – und warum auch ich im Affekt nur zu bereitwillig zur Schadenfreude bereit war. Holmes hatte ordentlich Dreck am Stecken und mit ihrem waghalsigen Geschäftsversprechen sogar Menschenleben gefährdet, aber ihr Kompagnon Sunny Balwani, der mindestens genauso tief wie Holmes in die Theranos-Machenschaften verwickelt war und ebenfalls wegen Betrugs schuldig gesprochen wurde, erhielt nicht mal annähernd so viel Spott und Häme. Und ich glaube auch nicht, dass Markus Braun jemals eine eigene lustige Hulu-Serie bekommen würde. Wenn jemand »Markus Braun« sagt, klingelt es wahrscheinlich auch nicht direkt bei allen – dabei hätte er es als CEO-Versemmler des Unternehmens Wirecard mit Sicherheit verdient, ebenso global durch den Kakao gezogen zu werden.

Aber zurück zu den Girlbossen. Die tun, wie gesagt, so, als würden sie den ganzen Tag wie verrückt arbeiten – im Gegensatz zu allen anderen – und inszenieren ihren Hustle im TV, im Internet und überall, wo es Aufmerksamkeit für Work-Performances gibt. Arbeit als Theaterspiel – ihr wisst schon. Ich gebe auf Instagram »#workworkwork« ein. Neben ein paar Videos, die sich über den Hashtag lustig machen, kommen mir sorgfältig gestylte Frauen entgegen, die nur allzu bereit sind, sich in Arbeit zu stürzen. Es ist eine digitale Performance von Arbeit, durch die ich mich klicken kann. Und das Phänomen ist natürlich weder neu noch auf das Internet begrenzt. Die klassische

Faustregel lautet: Es kommt weniger darauf an, was man macht, sondern *wie* man es macht. In einer *Seinfeld*-Folge[20] aus den späten 1990er Jahren tritt George einen neuen Job an und erklärt Elaine und Jerry bei einem Essen, dass er noch nicht wirklich arbeitet, »weil die Saison erst angefangen hat«. Deswegen tue er nur so, als würde er arbeiten. »Wie ziehst du denn *die* Show ab?«, will Jerry wissen. George klärt ihn auf: »Ich seh immer verärgert aus. Wisst ihr, wenn man verärgert aussieht, denken die Leute, man sei beschäftigt.« Stöhnen, Kopfschütteln, angestrengt gucken – George liefert am Mittagstisch die volle Palette an gut gespielten Arbeitsattrappen. Der Unterschied ist, dass performative Arbeit in der Girlboss-Ära eine ästhetische Dimension annimmt. Ja, die Arbeit ist anstrengend, aber ein Girlboss sieht nicht verärgert aus, sondern »flawless«, makellos also. Sie ist eine »Slay Queen«, die nie erledigt ist, sondern erledigt, was immer ihr in die Quere kommt. Und alles wirkt absolut beeindruckend und scheinbar mühelos. Für alle, die zuschauen, erhöht das den Druck.

Aber ich sollte hier gar nicht den ersten Stein werfen – auch ich habe schon performativ gearbeitet, sowohl für die berühmte Schau im Internet als auch im analogen Leben. Wieso eigentlich? Ich fühle mich schuldig. Sehr selten habe auch ich meine Cappuccino-Tasse neben dem MacBook für die Insta-Nachwelt festgehalten. Gleichzeitig weiß ich sehr genau, dass ich noch nie dokumentiert habe, wie ich im Office den Gemeinschaftskühlschrank putze, wenn ich Küchendienst habe. Auch mir ist klar: Es geht schon darum zu zeigen, wie smart die Tätigkeiten sind, denen man nachgeht.

In einer Gesellschaft, in der die Bewertung der Menschen nach wie vor an ihre Nützlichkeit gekoppelt ist, in der Leistung das Generalziel ist, in dem ständige Produktivität und Selbstoptimierung gefordert werden und man sich ständig klassistisch von anderen abgrenzen muss, wird man so einiges tun, um seinen internalisierten Kapitalismus nach außen zu tragen. Um es so aussehen zu lassen, als ob man auf der Gewinner_innen-Seite steht. Ich glaube aber, dass dabei nicht nur klassistische, sondern auch ableistische Töne mitschwingen, wenn Menschen ihre professionelle *Brillanz* und ihren beruflichen Erfolg vor sich hertragen wie eine Trophäe. Die eigene Schaffenskraft wird im Kapitalismus nicht nur mit Fleiß und Produktivität verbunden, sondern oft auch als ultimativer Beweis dafür gesehen, dass man besonders *klug* und *begabt* ist. Hinzu kommt, dass soziale Medien inzwischen einfach ein ganz entscheidendes Marketing-Instrument geworden sind und vieles, was dort schön inszeniert wird, ganz schnöde Werbung ist.

In einem Abwasch mit dem Girlboss-Phänomen wird auch die Meritokratie – also die Idee, dass eine Herrschaftsordnung sich durch die Leistungen und Begabungen der Individuen strukturiert – in den von mir frequentierten Kreisen des Internets auseinandergenommen. Beide Konzepte hängen zusammen, weil sie die materiellen Dimensionen unserer Gesellschaft ausblenden: die Mischung aus Macht und Kapital, die bestimmte Menschen zu den Profiteur_innen des kapitalistischen Systems machen. Dabei wird aber stets auf Eigenverantwortung gepocht, sodass es zu einer Verschleierung der eigentlichen Hindernisse für gesellschaftlichen Aufstieg kommt.

Trotzdem glauben gerade privilegierte Menschen gern, dass sie aufgrund ihrer besonderen Fähigkeiten und ihres Talents im oberen Feld der Gesellschaft mitmischen dürfen. Im Spätherbst 2022 erschütterte die Debatte um sogenannte »Nepo-Babys«[21] das Selbstbewusstsein von einigen Promi-Kindern, die inzwischen karrieretechnisch durchgestartet waren: Ihnen wurde Nepotismus vorgeworfen, was so viel wie eine übermäßige Vorteilsbeschaffung durch Familienangehörige bedeutet. Vetternwirtschaft halt. Ordentlich Öl ins Feuer goss ein Interview[22] mit Lily-Rose Depp, ihres Zeichens Tochter von Vanessa Paradis und Johnny Depp. Sie erklärte, dass es ihr komisch vorkäme, wenn behauptet würde, sie sei nur deswegen prominent und erfolgreich, weil ihre Eltern berühmt seien. Kinder von Ärzt_innen würden schließlich auch oft in die Fußstapfen ihrer Eltern schlüpfen und medizinische Karrieren anstreben, philosophierte sie unbedarft vor sich hin. Dass sie damit die Nepo-Baby-Thesen unfreiwillig bestätigte, war ihr anscheinend nicht bewusst. Das Ganze war für die Medien Anlass, noch mal nachzuforschen, wer alles in Hollywood als Nepo-Baby unterwegs ist – und die Liste ist umfangreich: Angelina Jolie, Drew Barrymore, Jamie Lee Curtis, Gwyneth Paltrow, Dakota Johnson, fast der komplette Gyllenhaal- und Coppola-Clan und viele andere. Ein Nepo-Baby zu sein heißt zwar nicht, dass man nicht auch talentiert ist, aber die Wahrscheinlichkeit, dass die richtigen Entscheidungsträger_innen das eigene Talent zu Gesicht bekommen, steigt natürlich erheblich, wenn bereits mit dem Vater, der Tante oder beiden zusammengearbeitet wurde.

Soziale Medien sind in mancherlei Hinsicht so spannend, weil sie niedrigschwellig die Gelegenheit bieten, die eigenen Talente einer Menge Menschen zu präsentieren. Ich habe allerdings auch festgestellt, dass es ein Raum ist, in dem die Leute sich zunehmend so präsentieren, wie sie sind: Die Held_innen des Internetcontents sind nicht mehr nur die hoch ambitionierten Hustler_innen, sondern vor allem die lustigen Content-Kreateur_innen, die sich selbst nicht so ernst nehmen und teilweise so private Einblicke liefern, dass man sie quasi mit auf die Couch und aufs Klo verfolgen kann. Crazy Cat Ladys, Faulpelze, Gamer_innen: Das Internet liefert genug Nischen, in denen sich auch diejenigen wohlfühlen und feiern lassen können, die meistens normal vor sich hinleben und zu den Exzentriken stehen, die sich in der kapitalistischen Verwertungslogik eigentlich nicht auszahlen. Zu meinen beiden Lieblingstiktoker_innen gehören zum Beispiel eine Tankstellenangestellte, die nach ihrer Spätschicht zu den wildesten Uhrzeiten scharfe Ramen-Suppen kocht und verspeist, und ein junger Mann[23], der sich nachts gerne mal sein Waffeleisen ans Bett holt, um sich frische Backwaren zuzubereiten. Ich bin davon überzeugt, dass nichts mehr danach schreit, wie sehr einem die Leistungsanforderungen der Gesellschaft egal sind, wenn man sich nachts vom Bett aus seinen Nachtisch backt. Girlbosse sind dagegen uncool – und das spricht sich langsam herum. Selbst Sophia Amoruso will mit ihrer Wortschöpfung und den dazugehörigen Ideen nichts mehr zu tun haben: »Please stop using the word Girlboss thank you« twitterte sie im Juni[24] 2022. Die Girlboss-Ära scheint damit definitiv vorbei zu sein.

Bye-bye, Ambitionen!

Als Kind hatte ich sehr klare Vorstellungen davon, wie ich später einmal leben wollte: in einer coolen Weltstadt, niemals heiraten, wahrscheinlich auch keine Kinder haben (ergo: auch keine große Karriere in der Care-Arbeit hinlegen), in einer Wohnung ganz für mich alleine leben und Schriftstellerin werden. Habe ich all diese Dinge erreicht? Nein, nein, ja, manchmal ja und ja. Ist doch eine ganz gute Bilanz. Wozu nach mehr streben? Reich werde ich in diesem Leben mit Sicherheit nicht mehr, und ich kann mir auch nicht vorstellen, dass ich irgendwann noch mal einen Job antrete, der noch besser als Freizeit ist. »Arbeit« heißt schließlich immer noch »Arbeit« und nicht »Freizeitersatzmaßnahme«. Andere können sich in ihrer Arbeitsstelle meinetwegen gern selbst verwirklichen – ich mache einfach meinen Job. Ich persönlich arbeite, weil ich muss, und ich mag arbeiten ungefähr so, wie ich es mag, die Fenster zu putzen: Meist muss ich mich dazu antreiben, aber wenn ich ein gutes Ergebnis erzielt habe, und das geht mir leicht von der Hand, dann bin ich zufrieden.

Gerade jetzt, wo der Anti-Girlboss gerade in Mode zu kommen scheint, fühlt es sich richtig gut an, diese Einstellung zu haben. Versteht mich nicht falsch: Ich finde meinen Job okay, beziehungsweise meine Jobs, denn seit ein paar Jahren habe ich meistens mehrere gleichzeitig. Ich finde sie in Ordnung, aber ich *liebe* sie nicht. Ich habe meine Arbeit noch nie romantisiert, auch wenn ich manchmal das Gefühl habe, ich könnte mich ein bisschen austricksen, wenn ich es täte. Öfter am Schreibtisch sitzen und schreiben, wenn ich vorher in meinem Arbeitszimmer alles schön herrichte – mit einer Kerze, einer Aromalampe, inspirierender Dekoration. Ja, die Idee, eine hübsche Attrappe des Schaffens zu inszenieren, in die ich dann einsteigen und *wirklich* in meiner Schaffenskraft aufgehen kann, ist verlockend. Der Witz ist: Mein Arbeitszimmer zu Hause ist sogar recht hübsch, und trotzdem kann ich sehr zuverlässig daran vorbeischleichen. Wenn ich nicht unbedingt arbeiten muss, kann ich mein Arbeitszimmer ghosten wie einen nervigen Ex.

Arbeit ist nicht Romantisches, und deswegen hackel ich lieber, ohne mir einzureden, dass ich gerade etwas Wunderschönes und ganz Besonderes tue. Ich hatte bisher ganz unterschiedliche Jobs: nett, schrecklich, nervig, kräftezehrend, lustig, gruselig, toxisch, angenehm, manchmal sogar ein bisschen inspirierend. Obwohl Arbeit nichts mit Liebe zu tun hat, sind Ex-Arbeitsstellen ein bisschen wie Ex-Beziehungen. In einer bestimmten Lebensphase wollte oder brauchte ich sie. Manchmal konnte ich mich früh genug trennen, bevor ich zu viel Schaden nahm, manchmal hockte ich länger in einer Sache drin, als gut war, manchmal wäre ich vielleicht gern noch länger geblieben, aber es war von Anfang an klar, dass es sich nur um eine befristete Angelegenheit handeln würde.

Natürlich habe auch ich lange Zeit gedacht, dass ich irgendwann »den Richtigen« finde und bis dahin ein paar Frösche küssen muss – also Arbeitsstellen, die sich nicht so ganz richtig anfühlen, aber solide die Zeit überbrücken, bis ich endlich *den* schicksalhaften Lohnarbeitsjackpot geknackt habe: die richtigen Inhalte, das richtige Geld, der ganz große Spaß, eine Verbindung, die für immer – also bis zur Rente – hält. In Wahrheit hat mich zu jedem Job eine Summe an Zufällen und Notwendigkeiten geführt. Ich habe noch nie eine Bewerbung geschrieben und gedacht: »So, jetzt mach ich meinem Traumjob Avancen!« Ich habe mich beworben, weil ich einen Job brauchte, und weil irgendwo einer ausgeschrieben war. Irgendwann sah ich ein: Der richtige kommt niemals, weil er nicht existiert. Das Geplärre vom »Traumjob« hat nämlich nur den Zweck, Menschen bei der Stange zu halten – in Zuständen, die sie oft für eine Übergangslösung halten und die sich dadurch vielleicht auch besser aushalten lassen.

Beruflich meiner Leidenschaft – beziehungsweise meinen vielen Leidenschaften – zu folgen war in meiner Erwerbshistorie auch nicht so einfach. Meine Passionen sind nicht wirklich in Moneten umwandelbar. Ich spiele zum Beispiel unfassbar gern Gitarre, bin aber schlecht darin wie kaum jemand anders. Ich zeichne gern, aber für eine Karriere im Grafikdesign hätte es nie gereicht. In meinen Jobs mache ich gern Dinge, die so rein gar nix mit meinen Leidenschaften zu tun haben, die ich aber als sehr befriedigend empfinde: in Excel-Listen und an Sachberichten herumfummeln. Protokolle schreiben und in der Büroküche die Spülmaschine ausräumen. Neue Ordnerstrukturen erfinden und Arbeitsergebnisse dokumentieren. Oder einfach mal eine halbe Stunde lang am Kopierer stehen und stumpf Dinge einscannen: ein Träumchen!

Sowieso ist die Idee, dass man Arbeit aus einer Passion heraus nachgeht, relativ neu. Der Gedanke vom Beruf als Berufung war lange Zeit ursprünglich in einem kirchlichen Kontext zu Hause und bezog sich zunächst auf die Vorstellung, dass man von Gott für ein Leben als Priester oder Nonne »berufen« wurde. Im Zuge der Reformation wurde diese Vorstellung ausgeweitet. Ab sofort konnte jede aufrichtige Arbeit als Dienst an Gott verstanden werden – und damit eine Berufung sein. Durfte man vorher noch ohne spirituelle Probleme arm sein und von Almosen leben, wehte nun ein neuer Wind.

Heute ist die Sichtweise auf die sogenannte »Berufung« säkulär: Es geht nicht mehr um ominöse Dienste, die man Gott zuliebe verrichtet, sondern man geht davon aus, dass es eine tief sitzende Passion für bestimmte Themenbereiche geben muss, die man für berufliche Zwecke einsetzen kann, um das Gefühl zu nähren, Arbeit verleihe dem Leben Sinn und Freude. Die Erwartung, dass man seinen Job lieben soll, ist noch jünger als der Berufungsmythos: Stattdessen war lange die Ansicht verbreitet, dass arbeiten einfach – sorry – *scheiße* ist.

Insbesondere die herrschenden Klassen waren traditionell arbeitsscheu as fuck: Die alten Griechen hatten Sklaven, um sich einen schönen Lenz zu machen – und in feudalen Systemen ließ man ebenfalls andere für sich arbeiten, wenn man es sich leisten konnte. Die Serie *Downton Abbey* gibt authentisch wieder, wie es ab 1912 so zuging. Während das Hauspersonal morgens im Keller die Zeitungen bügelt, lässt sich Familie Crawley das Frühstück ans Bett bringen, und während die Angestellten den ganzen Tag malochen, schlawinert sich die wohlhabende Familie bis zum Abendessen durch den Tag – ungefähr so war die Arbeitsteilung.[25]

Erst vor ein paar Jahrzehnten gab es in der Upper Class einen Kulturwandel: Die Oberschichten arbeiteten nicht nur verstärkt, sondern machten insbesondere aus langen und intensiven Arbeitszeiten einen regelrechten Fetisch.[26]

Aber es wurde insbesondere ab der Industrialisierung wichtig, den Menschen, die durch Arbeit nicht reich wurden, einzutrichtern, dass Arbeiten als Selbstzweck etwas ganz Tolles sei. Wenn sie realisieren würden, dass sie nur arbeiteten, um die Rechnungen zu bezahlen, könnten sie ja schließlich anfangen, kritisch zu hinterfragen, warum sie »so much for so little«[27] arbeiten. Da war eine gewisse Werkfrömmigkeit nur zweckdienlich. Durch die moderne Industrie waren die meisten Menschen zu einer Art austauschbaren Arbeitskraftware geworden: Handwerker, die vorher noch eine gewisse Unabhängigkeit und vielleicht sogar Macht hatten, wurden zu austauschbaren Arbeitern[28]. Der Wunsch, gar nicht oder zumindest weniger zu arbeiten, war aber nicht aus der Welt – im Gegenteil. Es formierten sich Arbeiterbewegungen, die unter anderem den Achtstundentag und die Fünftagewoche durchsetzen konnten. Das erfolgreichste Mittel zur Durchsetzung: Streiks.

Das moderne Berufsleben hält nun Menschen unter Leistungs- und Erfolgszwang. Ganz so, als könne es keinen Lebenssinn ohne Arbeit geben. Dass wir unsere Existenz immer wieder rechtfertigen müssen – vor unseren Arbeitgebern, unserer Bank, verschiedenen Behörden und Institutionen, die unsere Produktivität messen und bewerten, ist ein Entfremdungsförderer, der mögliche Passionen, die wir vielleicht haben, nicht stärkt, sondern im Gegenteil kleinmacht, sofern sie nicht verwertbar sind. Es wabern Versprechungen von Arbeit als Erfüllung, Freude und Zufriedenheit durch den Äther, während Arbeitszusammenhänge nicht selten als Quelle von Stress, Angst und Unsicherheiten empfunden werden.

Auch meine Jobs haben mich oft gestresst, und irgendwann habe ich beschlossen, mir einen Wirkungsbereich zu suchen, den ich für nicht zu aufreibend hielt. Dank meiner Privilegien (dazu später mehr) war das möglich. Außerdem gewöhnte ich mir irgendwann die Faustregel an: Wer sich zurückhält, ist schneller fertig. Damit meine ich nicht, dass ich eine Person der Sorte »Arbeit, geh weg, ich komme« bin – vielmehr bemühe ich mich um eine gewisse Effizienz. Ein Protokoll kann man schnell runterschreiben, wenn man dem Nobelpreis für Literatur nicht nachjagt. Ich schätze, das habe ich von meinem Vater, einem Mediziner, geerbt: Er war bekannt dafür, in seiner Praxis schnell wie der Blitz zu agieren. Wartezeiten gab es trotz einer unfassbar hohen Anzahl an Patient_innen nicht. Er tat, was getan werden muss – und fertig. Vor ein paar Jahren hat auf Facebook in meiner Heimatstadtgruppe mal jemand nach einem neuen Hausarzt gefragt, und es wurde prompt mein Vater empfohlen: Er sei kompetent und schnell, und im Wartezimmer brauche man sich nicht einmal die Jacke auszuziehen, weil man sich eh nicht lange aufhalten würde. Wir lasen diese Rezension sofort meinem Vater vor, und er war tagelang stolz darauf.

Ich bin nie blind irgendwelchen Anweisungen gefolgt, sondern habe immer mit meinen Vorgesetzten diskutiert, wenn mir Aufgaben sinnlos erschienen. Ich habe mich irgendwann nicht mehr dazu überreden lassen, an zusätzlichen Arbeitskreisen oder der zehntausendsten Weiterbildung, die nicht unbedingt nötig war, teilzunehmen. Ich möchte auch keine unbezahlten Titel auf meiner Visitenkarte, die sich zwar schick anhören, mir aber außer mehr Verantwortung und Aufgabendichte nichts bringen. Ich lebte und lebe immer noch ohne Aufstiegswünsche, und von meinem Job erwarte ich, dass ich ihn halbwegs gern mache und dass er mir Miete und Co. einbringt. Ich mache mein Ding: Ich gehe arbeiten, schreibe meine Kolumnen, spreche auf Lesungen und Podien vor Publikum, bin manchmal auf Konzerten und Festivals als Berichterstatterin eingeladen, und in den letzten Jahren ging es ab und an auch mal ins Ausland, um einen interessanten Job zu machen. Seit über zehn Jahren schreibe ich recht solide, aber eher in kleinem Rahmen vor mich hin. Und diese kleine Passage illustrer Aktivitäten ist nur ein Bruchteil meines Lebens.

Neben dem Schreiben – ja, auch während ich an diesem Buch sitze – gehe ich also recht unglamourösen und soliden Jobs nach, und zwar als Soziologin in Behörden oder behörden-ähnlichen Institutionen. Ich arbeitete bisher für Bildungsträger als Coach und Dozentin, als Entwicklerin von Projekten und Weiterbildungsangeboten und in der Jugendberufshilfe. Sollte man mich darauf festnageln wollen, was ich in den letzten Jahren in all diesen Jobs gemacht habe, würde ich sagen: Verwaltung und Beratung, in genau dieser Reihenfolge.

Trotzdem macht meine Job-/Nebenjob-Konstellation manche meiner Tage abenteuerlich. Ein typischer Tag sah vor der Pandemie so bei mir aus, dass ich morgens im Büro den Drucker repariert habe, um dann in der Mittagspause eine Metalband zu interviewen und danach noch mal dreihundert Briefe einzutüten. Auf Lesungen signiere ich Bücher, auf der Arbeit eher Bewirtungsbelege, Reisekostenabrechnungen und Zielvereinbarungen.

»Ich habe immer das Gefühl, das hier ist dein Postamt«, witzelte eine Kollegin, mit der ich schon viele Jahre arbeitete. Sie hatte meine Schreibaktivitäten immer mitverfolgt, und meinte damit, dass meine berufliche Konstruktion – uninteressanter Vollzeitjob mit vermeintlich viel interessanterem Side-Hustle – der von Charles Bukowski sehr ähnlich war.[29] »Der Unterschied ist, dass Bukowski immer den Ehrgeiz und auch irgendwie das Zeug dazu hatte, Berufsschriftsteller zu werden. Und irgendwann hat er seinen Job bei der Post auch gekündigt, um sich nur noch aufs Schreiben zu konzentrieren.« »Du verschwendest hier deine Zeit«, meckerte sie. »Willst du dein ganzes Leben in Excel-Listen rumfummeln und Gesprächsnotizen schreiben? Du bist echt dumm, wenn du hier versauerst, Mädchen.« Ich wechselte schnell das Thema. Ich hatte nämlich nicht das Gefühl zu versauern, sondern fand die gemächlichen Tage im Büro mit meiner lustigen Kollegin ganz gemütlich – und vor allem: beruhigend. Wir führten unser Gespräch im Winter, und für mich gab es wenig Entspannenderes, als mich bei einer Tasse Kaffee durch Berichte zu wühlen, während draußen die ersten Schneeflocken vor den Fenstern tanzten. Aber das behielt ich lieber für mich. Es kam sogar mir selbst ein bisschen komisch vor.

Meistens versuchte ich meinen illustren Hobby-Nebenjob als Bloggerin und Kolumnistin, mein »Jobby«, vor Kolleg_innen und Vorgesetzten zu verbergen – weniger wegen des Schreibens an sich, sondern eher aufgrund der oft aktivistischen Ausrichtung meines kleinen Schaffens. Irgendwann aber ließen sich meine Nebenbei-Aktivitäten nicht mehr so gut verbergen. Spätestens wenn einem der eigene Chef bei Instagram folgt, ist es vorbei mit dem Versteckspiel. Ich beschloss, in Lohnarbeitszusammenhängen mit offenen Karten zu spielen, und merkte schnell: Es störte niemanden. Im Gegenteil. In den Augen der Kolleg_innen, die ein paar meiner Aktivitäten via soziale Medien im Internet verfolgten, hatte ich ein Faible für merkwürdige Freizeitaktivitäten. Andere gingen zum Sport oder zum Chor, ich schrieb oder unterhielt mich in Radiosendungen über Feminismus, Rassismus und Popkulturthemen, wie zum Beispiel das Ende von Kim Kardashians Reality-Show, #freeBritney oder Beyoncés neue Modelinie. Dass ich mit meinen Themenschwerpunkten auch noch oft an den Schnittstellen von Pop, Feminismus und Rassismus herumstocherte, machte für sie mein »Jobby« noch skurriler, ergo: uninteressanter. Glück für mich.

Ich war immer gern in meinen obskuren Nischenthemen unterwegs, auch wenn mir immer bewusst war, dass ich es damit nicht in die glitzernde Welt der Schreibmonetarisierung bringen würde. Das war auch nie mein Ziel. Ich konnte es mir in den letzten Jahren leisten, Tage und Stunden darauf zu verwenden, das perfekte Pizzateig-Rezept auf YouTube zu suchen, auszuprobieren und dazu einen meterlangen Beitrag auf meinem Blog zu posten – und mir trotzdem ein gutes Leben leisten. Was hätte ich mir mehr wünschen sollen? Ich hatte längst aufgehört, Produktivität zu glorifizieren. Es kam mir überhaupt nicht mehr zeitgemäß vor, dass sich das ganze Leben um Erwerbsarbeit und Leistung drehte. Mein Ziel war es, Nichtproduktivität zu kultivieren – quasi Leistungsverweigerung als politischer Akt, genährt von Schläfchen, sinnlosen Zerstreuungen und Dingen, die mir Freude machten. Aber auch der Weg zu dieser Einsicht war nicht einfach, sondern sehr steinig und mit viel Arbeit gepflastert.

Ich selbst glaube, dass ich nie hätte kreativ werden können, wenn ich nicht die Sicherheit meines Berufslebens gehabt hätte. Und wenn ich nicht früh genug geschnallt hätte, wie wichtig es ist, auch bei der Lohnarbeit Grenzen zu setzen, hätte ich mit Sicherheit nie auch nur einen Satz geschrieben. Wäre das Ziel meines Daseins einzig und allein meine Entfaltung in irgendeinem Job gewesen, hätte es nach Feierabend wahrscheinlich meist nur für den berühmten Afterwork-Drink und eventuell noch eine kleine Runde Yoga vor dem Bildschirm gereicht – für mich keine reizvolle Vorstellung.

Ich fing mit dem Schreiben nicht an, um eine weitere Job-Opportunity zu verfolgen, *griff* auch einige Gelegenheiten nicht *am Schopfe*. Alles, was mir zu anstrengend erschien, habe ich vermieden wie die Pest – Fernsehauftritte, das erste Angebot für einen Buchdeal, vielversprechende, aber eng getaktete Kolumnenplätze. Alles, was nicht in meine ausgefeilt konstruierte Komfortzone passte, umschiffte ich, denn auch in meinem Parallelleben als Autorin wollte ich mich nicht ausbluten lassen. Ich war sowohl in meinem Brotjob als auch bei meinen Side-Hustles auf keine höhere Berufung aus: Solange ich mich mit Dingen beschäftigen konnte, die mich halbwegs interessierten, und alle meine Aufgaben und Aufträge gut bewältigte, war ich zufrieden. Ich kannte das Gegenteil eines gemütlichen Lebens aus eigener Erfahrung: Mit wenig bis kaum Geld, anstrengenden Jobs, Überforderung und kaum zu ertragendem Stresslevel. Einmal aus dieser Mühle herausgetreten, hatte ich mich von allem verabschiedet, was mir zu anstrengend erschien. Inklusive Ambitionen. Es fühlte sich für mich nicht nach einer Einschränkung an, sondern wie ein Befreiungsschlag. Ich muss mich nicht mehr beweisen, denn glaubt mir, ich habe so einiges durch. Wenn man mich jetzt in Rente schicken würde: Ich glaube, ich hätte es verdient.

Große Schwester, gute Tochter

Ich bin von fünf Kindern die Zweitgeborene, die erste Tochter und war seit meiner Geburt eine Art »Ausgleichskind«. Weniger anstrengend als mein hyperaktiver und hochintelligenter großer Bruder und eine große Stütze, wenn es darum ging, die jüngeren Geschwister zu bespaßen. Außerdem war ich süß. »Du warst ein richtig schönes Baby, das schönste auf der Station. Im Krankenhaus kamen die ganzen Schwestern in mein Zimmer, weil sie das hübsche Baby sehen wollten!«, berichtete meine Mutter stolz. Noch stolzer war sie darauf, dass ich ein eher ruhiges Baby war. »Du hast nie geweint! Auch nicht nachts! Da musste ich dich immer wecken, und in deinen Nuckel von der Flasche musste ich ein richtiges Loch reinstechen, weil du nicht saugen wolltest. Du wolltest immer nur schlafen! Hach, das war schön«, sagte sie dann und lachte.

Ich war quasi dazu prädestiniert, ein Gewinnerkind zu sein, seit ich aus dem Mutterleib geflutscht war. Meine beiden vorzüglichen Qualitäten – süß sein, still sein – wurden mir von klein auf vorgebetet, sodass ich das problematische Ideal vom »braven Mädchen« schon früh verinnerlicht habe. Ich war unverschuldet direkt in die Spezial-Programmierung des Patriarchats reingerutscht: Dass es mich jahrelang sanft durchs Leben manövrierte und mir vermeintliche Vorteile verschaffte, machte es einfach, das Ganze auch nicht weiter zu hinterfragen.

Die Rollenverteilung bei uns zu Hause war genauso westdeutsch wie altbacken: Meine Mutter machte den Haushalt, und zwar ungefähr 16 Stunden am Tag und an sieben Tagen die Woche. Mein Vater ging jeden Tag in seine Hausarztpraxis, und wenn er wiederkam, schlief er am liebsten oder schaute Fernsehen. Manchmal kochte er auch, natürlich arabisch. Mein Vater war 1968 aus der Westbank für sein Medizinstudium nach Deutschland gekommen, und Kochen war für ihn nicht nur eine Verbindung zur Heimat, sondern auch ein wiederkehrender Anlass, uns einige unvergessliche Lektionen über das Leben beizubringen. »Kinder, DAS ist richtiges Essen!«, verkündete er stolz, wenn er Maklouba kochte, ein Reisgericht mit Hähnchen und Blumenkohl, das kopfüber auf einem großen Tablett umgekippt wird. Er fuhr dann zum

Beispiel mit einer Gruselgeschichte fort, die er letztens bei dem Hausbesuch einer deutschen Patientenfamilie erlebt hatte: »Die hatten nur Brot und ein bisschen Käse auf dem Tisch!« Er bemühte sich, möglichst entsetzt zu klingen. »Die Deutschen, die sind ganz arm dran. Merkt euch das, Kinder!« Und wir nickten und glaubten ihm. Die problematischen, aber dennoch charmanten Versuche meines Vaters, uns das Leben als »Ausländer« im wahrsten Sinne des Wortes schmackhafter zu machen, rechne ich ihm bis heute hoch an.

Aber auch das Patriarchat lebte in unserem Haushalt mit. Es gab klare Aufgaben für meine Brüder und klare Aufgaben für meine Schwestern und mich. Alles, was mit Technik, Autos, Fahrrädern oder mit Gartenarbeiten in Kombination mit schwerem Gerät zu tun hatte, war der Wirkungsbereich meiner Brüder. Meine Schwestern und ich hingegen hatten mit dem Haushalt oder den jüngeren Geschwistern zu tun. Das kam mir nicht nur ungerecht vor – es war auch so. Der Rasen musste im Sommer nur alle paar Tage gemäht werden, während der Haushalt nahezu minütlich neue Aufgaben ausspuckte. Meine Eltern kamen beide aus Großfamilien und waren es als Kinder selbst gewöhnt, mit anzupacken. Meine Mutter hatte ihre elf Jahre jüngere Schwester praktisch großgezogen, und mein Vater stand als ältester Sohn jahrelang in der Pflicht, die Familie in der Westbank finanziell zu unterstützen. Insofern kam es ihnen selbstverständlich vor, dass wir uns an den Aufgaben beteiligten, die in der Familie anfielen. Uns weniger: »Also, ich finde, ich sollte 50 Pfennig bekommen, wenn ich den Müll rausbringe«, feilschten wir mit ihnen.

Als meine jüngste Schwester geboren wurde, war ich neun Jahre alt. Meine Eltern bauten in dieser Zeit ihr erstes Haus, und so kam es, dass ich mich in größerem Umfang als wahrscheinlich üblich um sie kümmerte. Ich fuhr sie im Kinderwagen spazieren, fütterte sie, wechselte ihre Windeln, trug sie stundenlang durch die Gegend, um sie zum Einschlafen zu bringen, brachte ihr später das Laufen und noch später das Schwimmen bei. Ich, die nie gern mit Puppen gespielt hatte, entwickelte damals wahrscheinlich das erste Mal den Gedanken: Ich möchte keine Kinder. Ich liebte meine Schwester über alles, aber es ging mir oft gehörig auf den Senkel, sie überall mit hinschleppen zu müssen. Das Gefühl der Verantwortung für sie kam mir vor wie ein Kaugummi, der mich von oben bis unten verklebte, denn es ließ sich einfach nicht abstellen, wenn ich mit ihr unterwegs war. Es war sozusagen meine Lektion in »Regretting Motherhood«, ohne dass ich selbst Mutter war – aber die Rolle habe ich zur Genüge gespielt.

Ich war nützlich zu Hause, und nützlich in der Schule – aber wie das so ist, hatte ich irgendwann genug davon und entwickelte eine rebellische Ader. Je älter ich wurde, umso mehr reizte ich meine Grenzen aus und trieb mit der Kleinstadtjugend so einiges an frühreifem Schabernack. Meine Eltern konnten nicht viel dagegen ausrichten: Meine guten Noten setzte ich als Allzweckwaffe ein, wann immer ich es mit irgendeiner Sache mal wieder übertrieben hatte. Außerdem war ich immer noch das gute alte Ausgleichskind: Ich half nach wie vor zu Hause und kümmerte mich um die Jüngeren, und ich sah zu, dass ich meine Eltern nicht allzu sehr nervte. Den Quatsch, dem ich nebenbei nachging und von dem ich fand, dass ich ihn mir verdient hatte, verfolgte ich diskret. Ich rauchte im Freibad heimlich meine ersten Zigaretten, las Bücher, die ich in meinem Alter nicht lesen sollte (zum Beispiel *Wir Kinder vom Bahnhof Zoo*, versteckt in einer *Wendy*), durchlief mit ein paar Freund_innen eine kurze, aber heftige kleptomanische Phase und fing an Rock- und Metalmusik zu hören. Im September 1991 erschien *Nevermind* von Nirvana, und die Kassette lief bei mir – ich war noch nicht mal zwölf – hoch und runter. Auf dem Fernseher meines großen Bruders sahen wir uns auf Videokassetten Stephen-King-

Filme an, und als wir das erste Mal in den Sommerferien ins Zeltlager geschickt wurden, war eine der ersten Amtshandlungen von meinen Gruppen-Kamerad_innen und mir in einem Supermarkt eine Flasche »Criss« zu kaufen – ein süffiges Sektgetränk mit Fruchtnote und fünf Prozent Alkohol.

Ich habe heute noch einen Schuhkarton voller Kassetten aus dieser Zeit, und wenn ich ihn heute durchsehe, könnte ich immer wieder lachen, wenn ich mich daran erinnere, was für ein Möchtegern-Pre-Teenager ich gewesen sein muss: Queen. Anthrax. Iron Maiden. Mötley Crüe.

Mit etwa zwölf beschloss ich dann, dass ich ab jetzt »erwachsen« sein wollte. Ich verbannte so ziemlich alles, was ich an Spielzeug besaß, aus meinem Zimmer, bekam meinen ersten CD-Spieler und versuchte, mich wie ein Teenager zu benehmen. Das klappte aufgrund meiner vorherigen Karriere als große Schwester ganz gut – Spielzeug hatte ich im Laufe der Jahre sowieso immer schon großzügig an meine Geschwister abgetreten und mir in der Rolle der besonnenen großen Schwester gefallen – und die brauchte weder Barbies noch Puppen. Ich entrümpelte mein Zimmer und gab mir tunlichst Mühe, ihm den Anschein zu geben, dass ich mindestens 16 Jahre alt sei, denn so fühlte ich mich.

Ich war keine Ausnahme, sondern bewegte mich

akkurat am Zahn der Zeit. Heutzutage wird immer wieder beklagt, dass junge Mädchen *zu frühreif* seien – aber ich kann mit großer Sicherheit betonen, dass das auch vor 30 Jahren nicht anders war. Ich ging voll in der englischsprachigen Popkultur auf, obwohl ich sie weder sprachlich noch inhaltlich richtig verstand.

Ich brauchte diese Parallelwelt, da unsere einstige Familienidylle zu bröckeln begann. Die jüngste Schwester meiner Mutter – die, die sie praktisch aufgezogen hatte – war 1990 bei einem tragischen Autounfall ums Leben gekommen. Dieses Ereignis läutete insbesondere für meine Mutter Jahre seelischer Beschwerden ein, von denen sie sich nicht mehr richtig erholen sollte. Sie war gerade 32 Jahre alt und hatte einen Hausbau und einen dazugehörigen Umzug mit fünf Kindern hinter sich gebracht, als die schreckliche Nachricht uns ereilte. Da wohnten wir gerade einmal seit sechs Tagen in dem neuen Haus, das ab sofort für meine Mutter kein Lebenstraum mehr, sondern nur noch eine unfassbare Last war.

Zeit, um richtig zu trauern, nahm sie sich nicht, sondern sie stürzte sich zur Ablenkung in Arbeit. Sie trank Unmengen Kaffee, rauchte Kette und zerstreute sich, wo sie nur konnte. Meine Eltern stritten immer öfter, da mein Vater nicht verstand, warum meine Mutter oft so rastlos, gereizt und scheinbar grundlos wütend war. Er selbst hatte im Laufe seines Lebens ebenfalls einige Traumata erlitten und diese stumpf wegignoriert. Meine Eltern steuerten auf eine Scheidung zu, die sie aber erst ungefähr eineinhalb Jahrzehnte später durchziehen sollten.

Während meiner Teenagerzeit funktionierten meine Eltern – aber nicht mehr so richtig. Mein Vater ging verzweifelt arbeiten, meine Mutter lenkte sich im Haushalt ab. Dabei verfestigten sich die Rollen, die wir Kinder annahmen. Mein technikbegnadeter großer Bruder wurde zum Hausmeister, ich immer mehr zur Ersatzmutter, mein jüngerer Bruder wurde zum Familienentertainer, meine beiden jüngeren Schwestern zu Maskottchen, und meine Eltern begaben sich in ihren jeweils eigenen Überlebensmodus. Erst vor ein paar Jahren begriff ich, dass meine Eltern in ihrem Elend nach und nach in ihnen altbekannte Verhaltensmuster abrutschten, die sie selbst aus ihrer Kindheit kannten: Sie benahmen sich uns gegenüber eher wie ältere Geschwister, die versuchten, einer Elternrolle gerecht zu werden.

Das führte zu Brüchen, die man nach außen hin kaum wahrnahm. Ich war nicht selten überfordert in meiner neuen Rolle und oft unfassbar genervt von den Anforderungen, die an mich gestellt wurden. Einerseits sollte ich nach wie vor die A-Liga-Schülerin sein, andererseits aber hatte ich zu Hause immer mehr Aufgaben zu bewältigen. Meine Mutter wurde antriebsloser, verschlief ganze Vormittage und war dennoch erpicht, irgendwie das Haus in Schuss zu halten. Mein Vater ging arbeiten wie verrückt und dachte lange Zeit, dass damit sein Hauptanteil an familiären Pflichten erledigt sei.

Wenn Besuch kam, waren wir gemeinsam in der Lage, einige Stunden harmonisches Familienleben zu präsentieren, inklusive gewienertem Haus. Wenn wir unter uns waren, versuchten wir, Reibereien weitestgehend zu umschiffen, was aber nicht immer gelang – manchmal krachte es gewaltig. Es konnte vorkommen, dass die Teenie-Fraktion von uns sich in ihren Zimmern verbarrikadierte, wenn meine Eltern wieder nervten, und wir in dröhnender Lautstärke unsere Teenager-Musik hörten oder tagelang vor dem Computer zockten. Solange wir gut in der Schule waren, ließen sie uns nach wie vor vieles durchgehen. Und meinen Geschwistern und mir gelang das Kunststück einer jeden chaotischen Familie: Wir bildeten eine Familie innerhalb einer Familie.

Wir hingen alle aneinander und teilten nach wie vor einen Humor. Es blieb aber kaum Raum für uns, uns jeweils individuell auszuleben – weder für meine Eltern noch für meine Geschwister und mich. Wenn man das familiäre Gefüge um eine Person herum konstruiert, der es nicht gut geht, lassen alle Federn.

Meine Mutter lebte in ständiger Sorge und Angst, dass jemandem etwas passieren könnte, und der Rest der Familie lief wie auf Eierschalen, um sie irgendwie mental stabil zu halten. Es ging kaum um die Zukunftspläne für uns Kinder. Von einer Woche zur nächsten irgendwie halbwegs solide über den Berg zu kommen, war für meine Eltern anstrengend genug. Wir funktionierten alle *für den Moment*.

Es ist schwer, über meine inzwischen verstorbenen Eltern zu schreiben. Seit sie 2020 und 2021 gestorben sind, habe ich das Bedürfnis, sie noch mehr zu beschützen, und mir sehr genau über das Vermächtnis klar zu werden, das sie mir mitgegeben haben. Auch wenn meine Eltern keineswegs perfekt waren, sind sie die ersten Vorbilder gewesen, die ich jemals gehabt habe – und sehr unkonventionelle. Meine Eltern manövrierten sich als klassische Antihelden durchs Leben: mit einem Potenzial, das sie in den festgefahrenen Strukturen, in denen sie sich aufhalten mussten, nie ausleben konnten. Sie waren beide kreative Overachiever, die an den spießigen Leistungsanforderungen, denen sie unbedingt gerecht werden wollten, (fast) zerbrachen. Immer nur zu funktionieren, ohne Raum für die eigenen Wünsche, die eigenen Bedürfnisse, die eigene Trauer und die eigenen Traumata zu haben, machte ihnen das Leben derartig schwer, dass es bisweilen schmerzhaft war, ihnen dabei zuzusehen.

Je älter meine Eltern und wir wurden, desto leichter konnten wir wieder miteinander auf harmonische und unterstützende Art existieren, ohne dass wir uns ständig aneinander rieben. Je älter ich wurde, umso einfacher wurde es, eine gute Tochter zu sein: Weil es meinen Eltern irgendwann genügte, dass wir als ihre Kinder existierten und mit ihnen beisammen waren. Seit dem Ende meines Studiums hatte ich nie wieder das Gefühl, mich vor meinen Eltern auf irgendeine Art und Weise beweisen zu müssen – abgesehen davon, dass sie ab und an bestimmt gerne mehr Zeit mit uns verbracht hätten, gab es nichts, was sie von mir forderten. Ich konnte minimalen Einsatz bringen und war trotzdem *gut*. Wenn ich mir einen Tag lang nachträglich alle Folgen vom *Dschungelcamp* reinknallte, galt das für meinen Vater, der ein großer Liebhaber von Reality-TV war, als großer Wochenerfolg. Wenn ich meiner Mutter erzählte, dass ich den ganzen Tag prokrastiniert und mich statt wichtigen Aufgaben obskuren Experimenten in der Küche oder abenteuerlichen Balkon-Aktionen gewidmet hatte, war sie stolz auf mich. Sie, die am Telefon am liebsten stundenlang quatschte und sich manchmal nicht so leicht abwimmeln ließ, beendete außerdem sofort das Gespräch, wenn ich ihr steckte: »Mama, ich will jetzt ein Schläfchen machen.«

Aber diese Leichtigkeit hat uns nicht immer begleitet – im Gegenteil. Insbesondere in meinen Zwanzigern hatte ich zeitweise ein äußerst schwieriges beziehungsweise gar kein Verhältnis zu meinen Eltern, was immense Auswirkungen auf mein eigenes Fortkommen hatte. Ich bin meinen Eltern dankbar für vieles, und dazu gehört auch, dass ich von ihnen gelernt habe, dass es okay ist, einfach nur zu *sein*. Und dass es okay ist, wenn man auf bestimmte Dinge einfach keinen Bock hat. Meine Eltern haben sich immer gewünscht, dass wir es mal leichter haben sollen als sie – und dieser Wunsch ist in Erfüllung gegangen. Vor allem, da sie uns gelehrt haben, dass man gut ist, so wie man ist.

Arbeit im Namen der (Hetero-)Liebe

Ich habe keine Kinder, aber ich kenne mich selbst in einer Mutterrolle: Ich habe mich in meinem Leben nämlich nicht nur um meine jüngeren Geschwister, sondern auch ausgiebig um meine Partner gekümmert. Ich habe in meinen romantischen Beziehungen Emotionen gemanagt, den Haushalt bespielt, an Geburtstags- und Weihnachtsgeschenke gedacht, die Termine meiner Partner auf dem Schirm gehabt, Rechnungen bezahlt, Tee ans Krankenbett gebracht – eine ganze Menge Mental Load getragen. Ich habe mit Männern zusammengelebt, Fernbeziehungen geführt, in meinen Zwanzigern war ich auch mal ein paar Jahre verheiratet, und wenn ich auf meine romantische Laufbahn zurückblicken und ein Fazit ziehen müsste, würde ich sagen: Nicht alle Beziehungen waren ein Plusgeschäft.

Das lag nicht an den Männern an sich, denn die meisten von ihnen waren ganz normale und oft auch richtig nette und tolle Typen. Es war einfach das heteronormative Beziehungssetting, das mich regelmäßig auf die Palme brachte, aber irgendwie auch nicht aufzulösen war, egal, wie sehr wir uns anstrengten. Und dieses Setting sah oft vor, dass ich diejenige war, die den Inhalt des Kühlschranks auswendig kannte, den Stromablesetermin im Kopf oder die Feiertage auf dem Schirm hatte, während der Mann einfach nur *da* war. »Körperliche Anwesenheit allein reicht hier nicht aus«, beschwerte ich mich oft, wenn ich schon wieder den Klopapiervorrat auffüllen oder in letzter Minute eine Zutat für das Abendessen organisieren musste. Natürlich hatte ich meinen Anteil an diesen Prozessen: Ich war durch und durch die große Schwester mit ausgeprägtem Bemutterungsinstinkt, und meinen Erfahrungsschatz wendete ich in meinen Beziehungen entsprechend an. Ich fand aus meiner Rolle einfach nicht so richtig heraus.

Mit einigen Ex-Partnern habe ich noch lose und wertschätzend Kontakt, und ein paar von ihnen erinnern sich noch sehr genau an die Mutter-Sohn-Dynamiken, die sich irgendwann im Laufe unserer Beziehung einschlichen und langfristig deren Ende einläuteten. »Weißt du noch, damals, als wir über den Valentinstag nach Prag gefahren sind? Und du gesagt hast, dass ich einen Schal mitnehmen soll? Und ich aber meinte, dass ich keinen brauche?«, zog mich ein ehemaliger Partner mal auf. Selbstverständlich erinnerte ich mich: Wir verbrachten auf unserer kurzen Reise schließlich einen halben Tag damit, sehr brummig in den Prager Geschäften, die Mitte Februar bereits auf Frühlingsware umgestellt hatten, einen Schal für ihn zu suchen, weil es so arschkalt war.

Ein paar Mal in meinem Leben stand ich auch vor der K-Frage, aber jedes Mal, wenn das Thema »Nachwuchs« zur Debatte stand, erfasste mich die Panik. Ich fand es schon unfassbar anstrengend, mich um die jeweiligen Männer in meinem Leben zu kümmern – wie sollte es erst sein, wenn auch noch Kinder im Spiel wären? Ich rechnete im Laufe der Jahre auch nicht mehr damit, bis zum St. Nimmerleinstag mit einem Mann zusammenzubleiben, und die Aussicht darauf, für mindestens 18 Jahre oder noch länger mit jemandem verbunden zu sein, schreckte mich zusätzlich ab – mein gescheitertes Ehe-Kapitel und auch die Scheidung meiner Eltern hatten mir gezeigt, dass man aus manchen Erzählungen schlicht rauswachsen kann.

Als meine Freund_innen mit Anfang 30 anfingen, Hochzeitspläne zu schmieden, hatte ich bereits eine Scheidung hinter mir und war dementsprechend abgeklärt. Egal, wie groß die Liebe auch erscheinen mag, es ist nicht unwahrscheinlich, dass sie irgendwann verpufft. Außerdem sind Beziehungen zeitaufwändig und kräftezehrend, und egal, wie gemütlich die Decke auch war, unter der man sich im Beziehungszustand befand – irgendwann hatte ich immer das Gefühl, darunter zu ersticken. Der Wunsch, mein Leben mit einem Mann zu verbringen, verschwand immer mehr von meinem Radar, und ich konzentrierte mich in meinen Single-Phasen lieber auf meine Freund_innen und mich selbst, anstatt mir eine der vielen Dating-Apps runterzuladen, um nach potenziellen Partnern zu suchen.

Ich sah meinen Freundinnen dabei zu, wie sie heirateten, Kinder bekamen, sich trennten, um Unterhalt oder eine gute Beziehung zum Kindsvater kämpften, und fügte mich ein in die Rolle der lustigen Patentante. Die hatte ich gut drauf: ab und zu babysitten, schöne Geschenke besorgen, bei ein paar Meilensteinen der Kinder dabei sein, aber alles aus sicherer Entfernung. Ein Vorbild hatte ich in der US-Sitcom *Roseanne* entdeckt: »Ich sehe mich eher als Tante Jackie«, antwortete ich auf die Frage, ob ich nicht doch noch mal *loslegen* wolle mit dem Kinderkriegen. Meine biologische Uhr tickte nicht, denn ich hatte in meinem Leben bereits genug Windeln gewechselt, und ich fand das Leben auch ohne Kinder fordernd genug. Mein Mutter-Akku war komplett leer.

Frauen, die allein lebten, hatten mich schon immer fasziniert. Als ich das letzte Mal mit einem Mann zusammenwohnte, fing ich obsessiv an, auf YouTube koreanische »Silent Vlogs« zu gucken. Diese Videotagebücher werden vor allem von alleinstehenden jungen Frauen geführt, die keine Partner, sondern allenfalls noch ein süßes Haustier haben. In den Videos passiert nicht viel: Es wird einfach nur der Alltag dokumentiert, und zwar auf ästhetische und vor allem beruhigende Art und Weise. Es wird nicht geredet, aber gekocht, gebacken, geputzt, gebastelt, ferngesehen, eingekauft. Die Frauen halten die ganze Palette ihrer eigenen Häuslichkeit fest, die sie nur um ihrer selbst willen durchziehen. Außerdem pflegen sie ihre Freundschaften ausgiebig, kümmern sich um ihre niedlichen Tiere und machen, wonach ihnen der Sinn steht.

Ich ließ mich stundenlang von den Clips einlullen und stellte mir vor, wie ich leben würde, wenn ich nur *endlich* wieder allein wäre. Dabei kam ich mir vor wie eine Soziopathin, denn mein Freund war eigentlich ein ganz lieber. Die Welt der koreanischen Stillleben-Vloggerinnen aber kam mir überlegen vor: eine Utopie, in der man friedlich und jenseits romantischer Konstrukte einfach nur für sich existiert. Auch der Hausfrauen-Cottage-Core-Stil schreckte mich nicht ab, im Gegenteil: Für mich selbst, meine Familie und

Freund_innen betätige ich mich sogar sehr gerne hausfraulich. Aber wenn ein Mann auf dem Sofa liegt und mich zum hundertsten Mal in Folge fragt, »was wir denn heute essen wollen«, steigt bei mir ganz schnell der Puls – und zwar auf 180.

Meine Mutter wurde Hausfrau, nachdem sie meinen Vater geheiratet hatte, und fand sich damit in einer Rolle ein, die sie komplett unterforderte, aber auch auslaugte. Als Bewältigungsstrategie stürzte sie sich in Geschäftigkeit. In meiner Kindheit hielt sie das Haus samt Garten in Schuss, kümmerte sich um uns, freundete sich im Kindergarten und in der Schule mit den richtigen Erzieher_innen und Lehrer_innen an, vernetzte sich in der Nachbarschaft, bastelte, strickte, kochte. Meine Mutter war smart, kreativ, geschäftig und fleißig, immer auf Zack und immer up to date was die To-dos einer angesagten Kleinstadtmutter betraf.

Meine Mutter war ehrgeizig und wusste um ihre Fähigkeiten, und sie stellte auch ein paar Bemühungen an, ihre Situation zu verändern. Ihr Traum war es immer gewesen, etwas Kreatives zu machen, und vorsichtig wagte sie Schritte in diese Richtung. Sie nahm an Schreibwettbewerben teil und gewann sogar mal einen. Außerdem entwickelte sie einen Haarspangenhalter, auf den sie ein Patent anmeldete. Eine große Firma stellte begeistert ein paar Prototypen her, aber als es an den Vertrieb ging, entpuppte sich das ganze Unterfangen als schwierig: Es gab keine Käufer_innen, und nachdem auf unserem heimischen Faxgerät genau eine Bestellung eingegangen war, beschloss meine Mutter, dass sich das Geschäft damit erledigt hatte. All ihre Bemühungen, von denen einige durchaus vielversprechend waren, verpufften, und auch wenn sie ihr für eine kurze Zeit unheimlich Auftrieb gaben, fand sie sich irgendwann damit ab, dass für ihr Leben nichts »Großes« vorgesehen war.

Meine Mutter wäre mit ihrer abgebrochenen Ausbildung wahrscheinlich immer nur eine Zuverdienerin in unserem Familienkonstrukt gewesen. Als das Thema »Scheidung« wie ein Damoklesschwert über meinen Eltern schwebte und wir Kinder die Volljährigkeit noch nicht alle erreicht hatten, war zudem klar, dass sie immer auf Unterhalt von meinem Vater angewiesen sein würde. So schoben sie die Trennung vor sich her, bis meine jüngste Schwester 18 Jahre alt war. Ja, meine Mutter war in eine Abhängigkeitsfalle gerutscht, und ich kann gut verstehen, warum meine Eltern so lang die Zähne zusammengebissen haben, auch wenn es mit Sicherheit kein Vergnügen für die beiden gewesen ist.

Bewusst hat sich meine Mutter nie mit Feminismus beschäftigt, aber die Parolen, die sie predigte, hätten dazu gepasst. »Macht euch bloß nie von einem Mann abhängig«, schärfte sie meinen Schwestern und mir ein. Mein großer Bruder kam zur Welt, als sie gerade mal 19 Jahre alt war, und Ende der 1970er-Jahre war das Alleinverdiener-Modell in Westdeutschland noch sehr en vogue. Außerdem hätte unser Familienleben damals wahrscheinlich nicht so reibungslos funktioniert, wenn meine Mutter nicht zu Hause geblieben wäre.

Neben der Hausarbeit verbrachte sie jede Woche unzählige Stunden damit, unsere Schulkarrieren zu betreuen. Sie half bei den Hausaufgaben, marschierte zu den Elternsprechtagen und Elternabenden und verhandelte mit Lehrer_innen, wenn sie das Gefühl hatte, dass eine_r von uns in der Schule benachteiligt wurde. Sie beteiligte sich an Schulpflegschaftsaufgaben und allen möglichen schulischen Sonderaktionen, die auf dem Plan standen, backte Kuchen, nähte Puppen und bastelte Fensterbilder. Man kann also sagen: Sie war nicht nur Hausfrau und Mutter, sondern gewissermaßen auch Schulbegleiterin – und das war damals in Westdeutschland nichts Ungewöhnliches.

Als in den 1980ern und 1990ern nämlich das neoliberale Mantra der »Eigenverantwortung« zum magischen Schlüsselbegriff mutierte, vertrat man die Auffassung, dass Einrichtungen außerhalb der Familie (also Kindergarten, Schule und Co.) die besten Orte für Bildung und Wertevermittlung seien. Die Selbstlosigkeit der Mutter, die zu Hause die Kinder erzieht, die Hausaufgaben betreut und Kuchen für den Schulbasar backt, würde sich in den schulischen Topleistungen der Kinder bemerkbar machen, frohlockte man und sei deswegen auch jedes Opfer wert. Berufstätigen Müttern unterstellte man, dass ihnen die Entwicklung ihrer Kinder nicht wichtig genug sei. Wahrscheinlich war das auch ein Grund für die hohe Hausfrauendichte in meinem Schulkamerad_innen-Umfeld. Dass meine Mutter zu Hause blieb, machte den Umständen entsprechend Sinn: Ein zusätzlicher Job hätte noch mehr Arbeit für wenig Geld bedeutet, das man dann für die Kinderbetreuung hätte ausgeben müssen. Ganztagesbetreuungsangebote gab es damals nicht breitflächig und auf Großeltern oder andere Verwandte konnte auch nicht zurückgegriffen werden. Die Familie meines Vaters war Tausende, die meiner Mutter Hunderte Kilometer entfernt.

Meine Mutter war also in einem Arrangement gefangen, das sie davon abhielt, sich aus der Abhängigkeit von meinem Vater zu befreien. Sie war auf keinen Fall ein Girlboss, aber immerhin ein Familienboss: Wenn es um familiäre Entscheidungen ging, hielt sie das Zepter in der Hand. Natürlich war sie privilegiert, aber in ihrer Rolle als Arztehefrau. In den Zusammenhängen des Arbeitsmarktes hingegen wäre sie nur eins gewesen: eine unqualifizierte Kraft.

Die US-amerikanische Wissenschaftlerin, Aktivistin und Autorin bell hooks betont[30], dass es seit »Anbeginn der [feministischen] Bewegung« vor allem Frauen aus den privilegierten Klassen waren, die ihre »Belange zu ›den‹ Streitthemen« erklären konnten. Bürgerliche Probleme – wie etwa die Unzufriedenheit der privilegierten weißen Hausfrauen – wurden zur »Krise aller Frauen« erklärt, obschon es nur »eine kleine Gruppe gebildeter weißer Frauen betraf.«[31] hooks erklärt:

> »Während sie sich über das Leid des häuslichen Eingesperrtseins beklagten, gehörte eine überwältigende Mehrheit der Frauen in diesem Land zur arbeitenden Bevölkerung. Und viele jener arbeitenden Frauen, die viele Stunden für geringe Löhne schufteten, während sie auch noch im Haushalt die ganze Arbeit erledigten, hätten das Recht, zu Hause bleiben zu können, als ›Freiheit' betrachtet.«[32]

bell hooks führt auch aus, dass sie schon immer eine der stärksten Kritikerinnen der Version des Feminismus war, der »suggerierte, dass Arbeit Frauen von männlicher Dominanz befreien würde«. hooks, die selbst aus einem afroamerikanischen Arbeiter_innenmilieu stammte, wusste »aus erster Hand, dass Niedriglohnarbeit Frauen, die in Armut leben oder der Arbeiter_innenklasse angehören« nicht automatisch freier machte:

> »Wenn wir von der Befreiung durch finanzielle Unabhängigkeit statt durch Arbeit sprechen, müssen wir einen Schritt weitergehen und darüber sprechen, welche Art von Arbeit befreiend ist.«[33]

Frauen haben immer schon gearbeitet – bezahlt und unbezahlt. Ihr großflächiger Eintritt in die moderne Arbeitswelt jedoch ist relativ neu – auch in Deutschland. Bis in die 1960er-Jahre hinein hielt sich in Westdeutschland die Auffassung, dass verheiratete Frauen allein für den Haushalt zuständig sein sollen – es war sogar Bestandteil der Gesetzgebung. Das am 1. Januar 1900 im Deutschen Reich in Kraft getretene Bürgerliche Gesetzbuch sah vor, dass die verheiratete Frau »das gemeinsame Hauswesen zu leiten hat« und dem Mann die alleinige »Entscheidung in allen das gemeinschaftliche Eheleben betreffenden Angelegenheiten«[34] zukam.

Auch als in Westdeutschland 1957 die Gesetze zur Gleichberechtigung von Mann und Frau eingeführt wurden, hielt man an der Vorstellung fest, dass die Hausarbeit vor allem ein Wirkungsfeld von Frauen bleiben sollte. Außerhäuslich erwerbstätig durften sie nur sein, soweit es mit ihren Pflichten in der Ehe und in der Familie vereinbar erschien. Hinzu wurde die Öffentlichkeit mit tradierter Ratgeberliteratur und Werbung in Zeitungen und Zeitschriften bombardiert: Hausfrauen wurden als immer fröhlich und gepflegt und dazu noch als willige Konsumentinnen dargestellt, die weder Erschöpfung noch Unlust kannten.

Erst 1976 wurde zumindest theoretisch festgehalten, dass die Führung des Haushaltes in gegenseitigem Einvernehmen aufgeteilt werden konnte. Und noch bis 1977 durfte eine Frau in Westdeutschland nur dann berufstätig sein, wenn das »mit ihren Pflichten in Ehe und Familie vereinbar« war. 1980, in meinem Geburtsjahr, wurde das »Gesetz über die Gleichbehandlung von Männern und Frauen am Arbeitsplatz« verabschiedet. Es war allerdings eher ein Appell an das Wohlverhalten der Arbeitgeber. Ein Verbot der schlechteren Bezahlung von Frauen gab es darin nicht, und wie wir wissen, besteht der Gender-Pay-Gap – also die geschlechtsspezifische Lohnlücke – bis heute. Auch 2021 verdienten Frauen im Schnitt 18 Prozent weniger pro Stunde als Männer[35].

Von Gleichberechtigung sind wir also noch meilenweit entfernt. Neoliberale Parolen, dass man diese Ungleichheiten jederzeit auflösen kann, mit denen man an den individuellen Leistungswillen plädiert und Frauen unterstellt wird, sie seien einfach unmotiviert oder faul, wenn sie nicht mehr aus ihrem Leben machen (können), richten da mehr Schaden als Gutes an. Oder, wie es die Autorin Vicky Spratt im Jahr 2020 festhielt:

»Wenn die progressivste Sache, die wir erreichen können, eine lachende, nicht bedrohliche Frau ist, die auf Instagram ein Selfie aus ihrem Hochglanz-Office [...] postet, dann haben wir große Probleme.«[36] Und wenn Hausfrauen oder teilzeitbeschäftigten Frauen unterstellt wird, sie könnten jederzeit ihr Care-Arbeitssetting verlassen, um richtig durchzustarten, macht es das nicht besser – vor allem, da die meisten von ihnen wahrscheinlich nicht in einem Hochglanz-Office landen werden. Nicht mal ich sitze in einem Hochglanz-Office, obwohl ich mich noch nicht mal aus einem Hausfrauen- oder Beziehungssetting befreien musste.

Ich mag den »Verlass deinen Ehemann/Freund«-Feminismus, der sich seit einigen Jahren immer stärker formiert. Feministinnen wie Clementine Ford haben ihn geprägt und argumentieren, dass »romantische Liebe« eine Erfindung ist, die erst zum Trend wurde, als die Industrialisierung im 19. Jahrhundert die Erwerbstätigkeit von Frauen forderte. Die Geschichte der romantischen Zugewandtheit war immer schon geprägt von Versorgungsideen und dem Fortbestand von Familienclans und hatte lange nichts mit Liebe zu tun. Der »Dump him«-Feminsimus ist unfassbar frech, vielleicht auch ein bisschen 2010er-Jahre-Girlboss-mäßig. Aber gleichzeitig operiert er auch mit Beschützer_innen-Impulsen, die ich nicht schlecht finde.

Dass Frauen in Heterobeziehungen den Kürzeren ziehen, ist hinlänglich bekannt: Dass mit Cis-Männern verheiratete Frauen früher sterben, ist nämlich kein Gerücht, sondern erwiesen. Männer profitieren von der Ehe. Ihre Lebenserwartung steigt, während die der Ehefrauen sinkt.[37] Aber natürlich muss man nicht gleich seinen Partner rausschmeißen, um unabhängig zu sein. Ein Bewusstsein dafür, dass man mit den Profiteuren des Patriarchats zusammenlebt, die es oft schaffen, Vorteile aus der Verpaarungssituation zu schöpfen, ist ein guter Anfang. Selbst hoch bezahlte berufstätige Frauen und Frauen mit viel Geld verharren aus verschiedensten Gründen in Beziehungen, in denen »männliche Dominanz« die Norm ist.

2022 zum Beispiel packten gleich zwei weltberühmte und hoch erfolgreiche Megastars aus, dass sie lange Zeit beruflich und persönlich zurückgesteckt haben, um ihre Männer zu unterstützen und den Großteil der Care-Arbeit zu übernehmen: Pop-Sängerin Shakira und Supermodel Gisele Bündchen.

Shakira gab an, ein »Opfer der Liebe« erbracht zu haben, als sie für ihren Partner, den Fußballer Gerard Piqué, nach Spanien gezogen ist und ihre eigene Karriere zurückgestellt hat, »damit er Fußball spielen und Titel gewinnen kann«[38]. Gisele Bündchen wiederum hatte 2015 zugunsten ihres Familienlebens mit dem American-Football-Spieler Tom Brady das Modeln aufgegeben und 2022 schließlich die Scheidung eingereicht. Grund dafür, so spekuliert zumindest die Klatschpresse[39], war Bradys Unwille, im professionellen Sport kürzer zu treten, damit sie sich wieder vermehrt ihren eigenen Zielen widmen könnte.

Wenn also schon millionenschwere Overachieverinnen zugunsten ihrer Ehemänner Entscheidungen treffen, die das eigene Leben einschränken: Was sollen dann die ganz normalen Frauen sagen, die mit Mann und Kindern ausgestattet sind? Und wie sollen die mal eben schnell ihre Männer verlassen, wenn sie nicht mehrere Millionen Dollar auf der hohen Kante haben?

In meiner Beziehungslaufbahn war ich insgesamt zweimal die Alleinverdienerin, während meine Partner sich ein bisschen zu lange um ihr Studium, ihre Promotion oder die Jobsuche kümmerten. Ich schaffte also das Geld heran, während sie sich ausgiebig mit ihren persönlichen und beruflichen Zielen beschäftigten, sich im Gegenzug aber leider nur marginal als Hausmänner einbrachten.

Als ich das erste Mal in so ein Beziehungssetting rutschte, war ich noch jung und naiv genug, um den Versicherungen des Mannes zu glauben, dass er ganz bald seinen Beitrag leisten würde. Später begriff ich: Bei den Männern, die sich konsequent weder im Haushalt noch finanziell beteiligen, handelt es sich um Musterversionen männlichen Entitlements, eine ausgeprägte Anspruchshaltung also. Sie hatten das sich Zurücklehnen im doppelten Sinne kultiviert. Irgendwie schienen mir alle meiner Partner besser darin, einfach mal nichts zu machen und alle fünfe grade sein zu lassen.

Ich führte zum Beispiel eine Fernbeziehung mit einem Mann in meinem Alter. Als wir zusammenkamen, hatte er leider schon seinen kompletten Jahresurlaub verplant – schade auch. Ich aber war ausgestattet mit der Aufopferungsmentalität einer Heten-Frau, die bereit war, alles für ihren Partner zu tun. Wenn ich also Urlaub hatte, fuhr ich zu ihm, und während der Mann sich im Office verdingte, machte ich mir halbwegs schöne Tage in der Stadt – und mich vor allem in seinem Haushalt nützlich. Und während ich also Fenster putzte, den Kühlschrank auftaute und reinigte, saugte, kochte und einkaufte, war mir bizarrerweise immer eins glasklar: Es war vollkommen undenkbar, dass diese Situation jemals andersherum stattfinden würde. Ich war mir meinen sinnlosen Aufopferungstendenzen sehr bewusst – konnte sie aber trotzdem nicht abstellen. Ich hatte die sexistischen Botschaften internalisiert, die mir immer wieder eintrichterten: Sei fleißig, sei hilfsbereit. Mach mehr, als du musst. Kümmere dich um die Menschen in deinem Umfeld – ganz egal, ob sie sich auf die gleiche Weise zurückkümmern. Für jemanden die Fenster zu putzen ist sinnvoller, als Zeit totzuschlagen. Sei produktiv. Sei proaktiv. Mach was Sinnvolles mit deiner Zeit.

Nichts kam mir in jener Zeit schlimmer vor, als wie ein fauler Sack zu wirken. Und das hatte auf jeden Fall mit meiner Sozialisation als weibliches Wesen zu tun. Einfach nur für mich selbst zu existieren, kam mir unerhört, egoistisch und undenkbar vor. Außerdem bin ich immer finanziell unabhängig gewesen, weil es mir wichtig war. Aber ich oute mich jetzt mal: Wenn ich rückblickend die Chance gehabt hätte, mich für einen begrenzten Zeitraum von einem Mann ernähren zu lassen, dann wäre ich wahrscheinlich dabei gewesen. Einfach mal drei Monate lang ein Heten-Sabbatical: Strike. Damit hätte ich direkt auf einer Girlboss-Abschussliste gestanden! Ja, ich war vielleicht noch nie ein Girlboss – aber ich bin auch nie bereit gewesen, das komplette Gegenteil davon zu sein, obwohl es eigentlich mein Lebensziel sein sollte: ein Girlloser zu werden.

Der Mythos der »faulen Frau(en)«

Meine Lieblingsgeräusche am Tag sind »Klonk« und »Plonk«: »Klonk«, wenn ich Feierabend habe, nach Hause komme und die Wohnungstür hinter mir zu fällt. »Plonk«, wenn ich mich dann in meinen Haus-Jogger gewickelt habe und auf die Couch werfe. Seit ich gehört habe, dass Sitzen angeblich viel schädlicher ist als Rauchen, liege ich noch viel lieber auf dem Sofa herum. Es geht schließlich um meine Gesundheit! Was außerdem gut ist: Wenn man ohne Wecker aufwachen kann und nach ein paar guten Stunden Schlaf nicht mehr weiß, welcher Tag überhaupt ist. Wenn man dann noch feststellt, dass Wochenende oder ein Feiertag ist und man nicht zur Arbeit muss: Perfekt! Gut, seit ein paar Jahren haben sich auch bei mir ein paar Störungen eingeschlichen, was meine Ausschlafroutinen betrifft. Zum Beispiel plagt mich, seit ich älter werde, so etwas wie eine senile Bettflucht, die oft dafür sorgt, dass ich sonntagmorgens schon um 6 Uhr hellwach bin.

Gegen diese Schmach hilft nur eine Strategie: Vom Bett direkt aufs Sofa umziehen. Nichts ist besser als vor Tagesbeginn im Schlafanzug und mit einer Schüssel Cornflakes *Schitt's Creek* zu gucken. Wenn mich aber die mit meinem fortschreitenden Alter einsetzende Morgenagilität zu sehr packt, kann es auch sein, dass ich direkt in den Wald gehe, und das trifft sich gut, denn ich lebe in Bielefeld, und Bielefeld ist, wie man weiß, eine ausgewiesene Waldstadt. Ich brauche genau eine Minute und 35 Sekunden und stehe mittendrin in einem kleinen Vorläufer des Teutos, und meistens gehe ich einfach im Schlafanzug los. Ja, ihr hört richtig: Ich ziehe mir eine Jacke über und Turnschuhe an, mache mir einen Kaffee, und auf geht's. Ich laufe ohne Ziel und ohne Schrittzähler durch den Wald, weil ich kein besonderes Aktivitätsziel verfolgen, sondern einfach nur wach werden will. Egal, ob Sofa oder Natur am frühen Morgen: Ich bemühe mich, möglichst *faul* in den Tag zu starten, und mein deviantes Schlafanzugoutfit ist dabei die halbe Miete. Und: ich möchte mir abgewöhnen, mich für diese Faulheit schlecht zu fühlen.

Denn mittlerweile finde ich: Eine feministische Ode an die Faulheit ist längst fällig. Denn Frauen hatten nie das Privileg, faul sein zu dürfen. Erstaunlich also, dass sich hartnäckig das Gerücht hält, in der freien Wildbahn seien lauter Frauen unterwegs, die einfach nur 24/7 chillen. Die meisten Frauen, die ich kenne, würden sich gerne mal den einen oder anderen ganzen Tag nur ausruhen, können es aber nicht, weil sie wie verrückt arbeiten – für Geld, umsonst, ehrenamtlich oder an sich selbst. Ich möchte diese Frauen gerne mal sehen: die auf dem Sofa liegenden, Kekse essenden, die Fernbedienung malträtierenden, den ganzen Tag vor sich hinfurzenden Frauen, die nicht arbeiten, sich nur entspannen und sich von ihren Männern das Geld vor die Füße legen lassen. Wenn ich sie finden sollte, würde ich ihnen direkt zu ihrer Meisterleistung gratulieren. Es gibt nur ein Problem: Sie existieren leider nicht.

Deswegen frage ich mich auch, wie der Girlboss-Mythos so lange behaupten konnte, dass die meisten Frauen in einer Art resignierter Opfermentalität vor sich hin vegetieren, anstatt zu arbeiten oder richtig zu arbeiten, und irgendwie zu faul dazu sind, an ihrer Situation etwas zu ändern. Nichts könnte falscher sein. Es ist vielmehr ein Durchbruch, dass Menschen, vor allem Frauen, seit einiger Zeit tatsächlich laut sagen dürfen: »Ich habe keinen Bock mehr.«

Gerade jüngere Frauen entdecken das Narrativ der Faulheit und die geradezu politischen Ausmaße des Nichtstuns mit Begeisterung für sich. Millionen folgen Instagram-Accounts, auf denen Memes geteilt werden, die Unproduktivität abfeiern. Mit der Couch verschmelzen, Zoom-Meetings im Bett mit abgeschalteter Kamera verfolgen, das kleine Schläfchen zwischendurch: Die Inspirationspalette ist endlos. »No more girlbossing. Just girlresting, girlsleeping, girllayingdown, etc.«, verkündet eines dieser Memes – das dazugehörige Foto zeigt eine Maus im Prinzessinnenkostüm mit Zauberstab. Es ist eins der Internetbilder der Anti-Girlboss-Bewegung im Jahr 2022 – lustig, verspielt, aber trotzdem *dead serious.*

Das große Geheimnis ist, dass die meisten selbst ernannten »faulen Frauen« kein bisschen faul sind. Sie erholen sich nach Feierabend, am Wochenende oder in den wenigen freien Minuten oder Stunden, die ihnen nach Lohn- und Care- und Hausarbeit noch bleiben – so wie ich, wenn ich Sonntagmorgens noch eine Runde vor dem Fernseher döse oder in Schneckentempo meinen Spaziergang mache. Aber richtiger Müßiggang? Komplett weggechillte Tage? Ich kenne kaum Frauen, die sich diesen Luxus erlauben.

Frauen müssen – so wie alle anderen auch – im Kapitalismus liefern, sei es bei der Arbeit oder zu Hause. Und wenn sie sich doch mal erholen, dann natürlich mit dem Ziel, wieder frisch wie der Morgentau all den Anforderungen zu genügen, die der Alltag an sie stellt. Und das Training für diesen Wettbewerb beginnt schon sehr früh.

Mädchen sind heutzutage in der Schule erfolgreicher als Jungen. Dennoch verdienen sie auf dem Arbeitsmarkt noch immer weniger als Männer. Abitur und Hochschulzugang waren bis 1908[40] Privileg des männlichen Geschlechts, während Zugang zu höherer Bildung Mädchen und Frauen rechtlich verwehrt wurde. Bis in die späten 1960er-Jahre wurden auf unterschiedlichen Schulformen Söhne auf ein akademisches Leben vorbereitet, Töchtern hingegen Lektionen in Hauswirtschaft, Handarbeit und Religion erteilt. Das änderte sich erst mit der Bildungsexpansion der 1950er- und 1960er-Jahre. Schichtspezifische Bildungsungleichheiten blieben bestehen, aber die Bildungsbeteiligung von Mädchen glich sich nach und nach an die der männlichen Schulkollegen an, bis sie sie schließlich sogar überholten und bessere Noten einheimsten.[41]

Auch am Arbeitsplatz leisten Frauen mehr. 2013 erschien im *Forbes*-Magazin ein Artikel, der verkündete: »Superiority of Female Workers Confirmed«[42]. Forscher_innen stellten fest, dass Frauen nicht nur länger als Männer arbeiteten, sondern auch seltener den Arbeitsplatz verließen, während sie auf Arbeitsergebnisse warteten, die sie für Anschlusstätigkeiten benötigten. Und noch ein Schmankerl: Eine Studie zeigte, dass Männer in der Gegenwart von Frauen anscheinend insgesamt weniger arbeiten. Wenn weibliche Beobachterinnen anwesend waren, waren die Männer in einer Zeitspanne von zehn Minuten effektiv 4,3 Minuten beschäftigt, während Frauen 4,9 Minuten konzentriert am Ball blieben.

Aber Frauen leisten nicht nur bei der Lohnarbeit mehr, sondern erledigen insbesondere zu Hause mehr Aufgaben als Männer. Sie übernehmen mehrheitlich die Hausarbeit, kümmern sich mehr um Kinder und sind zuständig für den berühmten Mental Load – die nicht abreißende To-do-Liste, die man im Kopf haben muss, wenn der Kühlschrank voll sein und das Klopapier im Badezimmer vorrätig sein soll, wenn die Geburtstagsgeschenke organisiert und die Ärzt_innenbesuche terminiert sein sollen. Die Last der unsichtbaren täglichen Verantwortung für das Organisieren von Haushalt und Familie im privaten Bereich und des Vermittelns und Koordinierens in beruflichen Kontexten; die Zugewandtheit zu Menschen in beiden Bereichen, um Bedürfnisse zu erspüren und Befindlichkeiten zu eruieren – Mental Load ist aufwändiges Projektmanagement, das aber ständig abgewertet wird, da es scheinbar nur um Banalitäten geht. Dass vorwiegend Frauen diese Aufgaben übernehmen, macht es nicht besser. Der Gender-Care-

Gap, also die Lücke in der Zeitaufwendung von Frauen und Männern für unbezahlte Hausarbeit und Kinderbetreuung, ist immer noch immens hoch: Im Schnitt verbringen Männer nur halb so viel Zeit mit Hausarbeit wie Frauen. Das gilt auch, wenn die Frauen erwerbstätig sind.

Dass Frauen mehr und härter arbeiten, ist also wissenschaftlich erforscht und belegt. Dennoch vertreten moderne Karriere-Prediger_innen, dass Frauen sich einfach mal aufraffen müssen, um ihr Leben besser auf die Reihe zu bekommen und mit den Männern gleichzuziehen. Diese Idee lebt anscheinend von der Vorstellung, dass es massenhaft Frauen gibt, die arbeitslos, unbeschäftigt und mit Pizzakartons bewaffnet den ganzen Tag auf dem Sofa liegen und rumheulen, anstatt sich in Schale zu schmeißen und zu malochen. Für mich sind die Frauen mit den Pizzakartons eine Utopie – das Bild eines goldenen Zeitalters, in dem Frauen sich zurückholen, was sie schon immer verdient haben: Ruhe, Frieden, Entspannung und vor allem Vergnügungen, die nichts mit Produktivität zu tun haben. Klar, im Internet oder in Film- und Serienproduktionen sehe ich sie manchmal, die mit dem Sofa eins gewordenen Frauen. Schon in den 1990ern gab es ein wichtiges Filmmotiv: Die Frau, die die Schnauze voll hat und sich mit einem Riesenbecher

Eiscreme vor den Fernseher pflanzt – bei schlimmen Widrigkeiten, mit denen das Leben sie konfrontiert, und das bedeutet meistens: Liebeskummer. Sobald in einem TV-Moment eine Frau mit einem Becher Eis auf dem Sofa sitzt, ist die Kacke am Dampfen. Keine Frau würde einfach so auf dem Sofa sitzen und Eis in sich hineinschaufeln – da muss schon was passiert sein. Der Sofamoment als Metapher des Zusammenbruchs – oder, wie die US-amerikanische Bloggerin Erin Bruegger es nannte: »The Break-Up Ice-Cream-Binge«[43]. Vielleicht erinnert ihr euch noch an die Szene, in der Bridget Jones in *Am Rande des Wahnsinns* in eine Bettdecke gewickelt und mit einem Eisbecher bewaffnet durch die Wohnung stiefelt – genau die Szene meine ich. Und ich glaube, man hat nicht nur nach Liebeskummer oder schlimmen Ereignissen im Leben das Bedürfnis, sich in eine Decke einzuwickeln und zu snacken. Es ist meiner Meinung nach ein Grundbedürfnis.

Der unbarmherzige Kampf zwischen produktiver Zeitverwendung (Sport, Meditation, Wandern, Socializing etc.) und vergnüglicher Zeitverschwendung (auf dem Sofa Eis essen, stundenlang im Internet surfen, buchstäblich die Zeit totschlagen) ist aber real: Den Wunsch nach ein paar verträumten Stunden auf der Couch kennen sicher die meisten – ich kenne ihn gut, da er sehr oft in meinen Tagträumen vorkommt. Trotzdem gilt auch für das Freizeitleben immer noch ein ewig gestriger Antagonismus: Ein aktives Wander-Wochenende an der frischen Luft? Gut! Zwei Tage am Stück vor dem Fernseher verbringen mit ungesunden Snacks und Dutzenden Schläfchen zwischendurch? Bitte nur ausnahmsweise!

Als ich die Arbeiten zu diesem Buch begann, stellte sich auch bei mir schnell ein Unbehagen ein, das sich so schnell nicht legen sollte. Ursprünglich plante ich, eine kleine Geschichte darüber zu schreiben, wie ich als fauler Sack endlich einen Zustand der Glückseligkeit erreicht habe, nur um dann auf verschiedene Ebenen innerer Widerstände zu stoßen. Erstens war ich den größten Teil meines Erwachsenenlebens kein bisschen faul gewesen. Und zweitens wollte auch ich zunächst tunlichst nicht mit Faulheit in Verbindung gebracht werden. Entspannt sein? In Ordnung! Für faul gehalten werden? Args!

Tatsächlich hatte ich in den letzten Jahren neben meiner Vollzeitarbeit so viel Zeit in Side-Hustles investiert, dass ich oft locker auf mehr als 40 Stunden Arbeitszeit pro Woche kam. Noch dazu mache ich meinen Job sehr gewissenhaft, erledige meinen Papierkram umgehend, und meine Wohnung ist zu fast jeder Tages- und Nachtzeit nahezu blitzblank. Wie soll jemand mit einer geradezu neurotisch anmutenden Putzroutine ein Anti-Girlboss oder gar eine faule Frau sein? Ich kam mir vor wie eine Scammerin, als mir all die kleinen Dinge einfielen, die mich eben nicht zur entspannten Chillerin machen, sondern irgendwie auch zu einer auf Produktivität getrimmten Person.

Faulheit ist vor allen Dingen ein puritanischer Mythos, in der Antike galt Müßiggang noch als würdevolle Zurückgezogenheit und erstrebenswertes Ideal. Heutzutage ist das Empfinden, zu wenig zu leisten, ein ständiges unangenehmes Hintergrundrauschen. Und wenn man dann doch was auf die Reihe bekommt, sind die Selbstzweifel damit noch lange nicht aus dem Weg geräumt. Überhaupt ein Gefühl für die eigene »Faulheit« zu bekommen, ist unglaublich schwierig. Ich bin ziemlich gut darin, meine Leistungen unter den Scheffel zu stellen. Die immer gut gelaunte, nie gestresste und vor allem nie überarbeitete Frau zu performen, ist eine meiner Meisterleistungen.

Bei meinen Reflexionen zu diesem Buch musste ich mir selbst eingestehen, dass ich die meiste Zeit recht geschäftig bin, auch wenn ich gern von meiner Faulheit berichte. Ein Grund dafür ist meine Neigung, alles, was ich tue, zu bagatellisieren – und das ist typisch für viele Frauen. Meine Jobs? So einfach, dass sie praktisch jede_r machen könnte! Meine Aktivitäten als Autorin? Einfach nur ein Hobby! Meine saubere Wohnung? Freizeitspaß! Alles, was Spaß machte, betrachtete ich lange Zeit einfach nicht als Arbeit. Nach der Arbeit noch bis tief in die Nacht eine Lesung abwickeln? An meinen freien Tagen Podcasts oder Radio-Features aufnehmen? Die Grenzen zwischen dem, was Arbeitszeit und was eigentlich meine eigene Zeit war, verschwammen immer mehr.

Aber trotz meiner Überzeugung, dass ich grundsätzlich alles im Leben nur zum Spaß mache, musste ich einsehen: Was ich da so durchzog, war natürlich nicht wirklich entspanntes Hobbytreiben. Irgendwann, so redete ich mir immer ein, irgendwann, wenn dies und das und jenes erledigt ist, werde ich einfach chillen, und zwar mehrere Tage am Stück! Dazu kam es selten, auch wegen eines unterschwellig schlechten Gewissens. Und obwohl ich auch Phasen des Nichtstuns, des Prokrastinierens, des Rumgammelns brauche, um überhaupt *klarzukommen*, denke ich immer noch zu selten: »Schön, dass du dir das gönnst! Ich bin stolz auf dich!«

So richtig bewusst wurde mir das, als im Februar 2021 ein Schneesturm über Bielefeld fegte, der etwa anderthalb Wochen das öffentliche Leben lahmlegte – noch lahmer als jeder Corona-Lockdown zuvor. Die öffentlichen Verkehrsmittel waren zum größten Teil stillgelegt, Leute (inklusive mir selbst) konnten mehrere Tage lang ihre Arbeitsplätze nicht erreichen, die Müllabfuhr fuhr nicht mehr, der Schnee konnte nicht weggeräumt werden, und auch die Logistikkette zu den Supermärkten war in Mitleidenschaft gezogen worden. Selbst meine Waldspaziergänge hatten sich erledigt, weil die Stadt vor unter der Schneelast abbrechenden Äste warnte.

Es gab einfach nichts zu tun. Außer den täglichen Homeoffice-Aufgaben und ein paar Schneeschippaktionen war ich wie so viele andere komplett auf meine eigene Häuslichkeit zurückgeworfen worden. Am Wochenende, an dem der Schnee kam und sich die tagelange »Pause« von der Welt ziemlich deutlich ankündigte, lag ich dann auch einfach nur im Bett, las und spielte stundenlang »Animal Crossing« auf meiner Nintendo Switch. Ich brachte meine Insel von Stand Null auf ein Drei-Sterne-Niveau, und jede_r, die_der schon mal »Animal Crossing« gespielt hat, weiß, dass das nur in einer soliden Vollzeit-Session möglich ist. Endlich hatte ich kein schlechtes Gewissen: Es gab ja keine Alternative.

Ich hatte mich zum ersten Mal wie eine richtige Slackerin benommen, die sich nicht irgendwann aus dem Jogginganzug schälte, sondern das ganze Wochenende vor einem Bildschirm verbrachte, als wäre es das Normalste der Welt. »Warum mache ich das eigentlich nicht öfter?«, fragte ich mich. Ich wusste aber auch schon, warum ich derartigen Vergnügen nicht öfter nachging: Weil der Faulheitshass so internalisiert ist, dass man sich stumpfe Entspannung einfach nicht gönnt. Und weil man als Frau sowieso schnell als faul abgestempelt wird, wenn man nicht 150 Prozent Leistung bringt.

Denn obschon ich Zeit meines Lebens immer übermäßig fleißig gewesen war, war das nie Anlass für besonderes Lob gewesen. Vielmehr gehörte es zum Status quo meines Frauenlebens. Insbesondere in meinen Partnerschaften machte ich oft die Erfahrung, dass meine Arbeitsleistung öfter, als mir lieb war, heruntergespielt und mein immenser Einsatz gar nicht erst gesehen wurde – ganz egal, ob es sich um Lohnarbeit oder die Arbeit zu Hause handelte.

Für einige meiner Partner war der Fall eindeutig: Ich war eine unabhängige Frau mit eigenem Einkommen, einer schönen Wohnung, sehr vielen Freund_innen und einem erfüllten Freizeitleben. Und das konnte nur eins bedeuten: Mein Leben musste – im Gegensatz zu ihrem – SUPEREINFACH sein. »Du hast leicht reden«, hörte ich ziemlich oft, wenn ich mich über das mangelnde Engagement eines Mannes beklagte. »Du weißt gar nicht, wie hart mein Leben im Gegensatz zu deinem ist! Ich muss jeden Tag richtig was leisten!« Damit meinten sie vor allem, dass ihre Jobs viel anspruchsvoller und fordernder seien als meine, was offensichtlich nicht immer stimmte. Es machte mich wohl verdächtig, dass ich trotz meiner Verpflichtungen immer noch Zeit für andere Dinge hatte – ich konnte also nicht komplett ausgelastet sein. Ich würde aber auch nicht ausschließen, dass ihnen meine weibliche Arbeit insgesamt wertloser schien als das, was sie so trieben.

Die systematische Ausbeutung von Frauen wie auch allen anderen Ressourcen gehört zum Kapitalismus, und so ist es nicht im Sinne des Systems zu vermitteln: Du bist genug. Du darfst dich ausruhen. Du darfst auch einfach mal gar nichts machen. Für Frauen sind die Bewertungsmaßstäbe auch noch einen Tacken höher angesetzt. Wäre es anders, würden sie nicht immer noch bezahlt und unbezahlt auf so vielen Ebenen den Kürzeren ziehen. Der Kapitalismus hat von Anfang an auf patriarchale Strukturen, die schon vor ihm existiert haben, aufgebaut: Viele Feminist_innen betonen immer wieder, dass die Ausbeutung von und Gewalt gegen Frauen eine grundlegende Bedingung kapitalistischer Strukturen ist. Farah Daibes schreibt:

> »Die Hierarchien, die das kapitalistische Patriarchat etabliert hat, bestimmen den Wert

> und den Status jedes einzelnen Teils unseres sozioökonomischen Systems. Es ist kein Zufall, dass Geld, Männer und Hypermaskulinität in dieser Pyramide ganz weit oben stehen.«[44]

Patriarchat und Kapitalismus arbeiten gewissermaßen Hand in Hand, wenn es darum geht, festzulegen, was als produktiv und gewinnbringend gilt. Spoiler: Unbezahlte Care-Arbeit, die von Frauen geleistet wird, gehört zum Beispiel nicht dazu.

Hier sind wir bei den perfidesten Tricks des Patriarchats angekommen. Einerseits gibt das patriarchale System ungerechte Genderrollen vor, und wenn weiblich gelesene Personen sich dann entsprechend verhalten, werden sie für so ziemlich alles, was unter ihre »doing gender«-Praktiken fällt, geshamed. Wenn sie so performen, als ob sie es trotz aller Belastungen schaffen, so etwas wie ein ausgefülltes Leben zu haben, wenn sie sich also als zufrieden geben, dann geht es ihnen anscheinend *zu gut* und sie sollten eigentlich nach mehr streben. Aber wenn sie sich beklagen, sind sie ungerechtfertigt jammernde Opfer, die nichts aus sich machen. Zeit, dass damit ein für alle Mal Schluss ist.

Tschüss, Girlboss-Zeitalter. Hallo, Girlloser-Ära!

Ich habe lange hin- und herüberlegt, was der würdige Gegenentwurf zum Girlboss-Leben sein könnte, und begann vorsichtig zu träumen, wie es aussehen könnte, aufs Ganze zu gehen. Nicht nur predigen, dass man guten Gewissens auf Karriereleitern und damit verbundenen Fortschrittsglauben verzichten kann, sondern dass man vielleicht auch mal hier und da auf alles pfeifen sollte. Bei meinen Recherchen stieß ich auf ein Konzept, in das ich mich direkt verliebte: das Girlloser-Prinzip. »Wow«, dachte ich. »Das ist es!« So richtig verbreitet hat sich die Idee noch nicht, sie ist auch noch sehr jung.

2021 hat die Bloggerin Gabrielle Moss den Terminus in ihrem Text »The Girlboss Era is Over. Welcome To the Age of the Girlloser« eingeführt. Sie beklagt, dass es Frauen nicht erlaubt sei, irgendetwas aus reinem Vergnügen zu tun. Während Männer nach wie vor alles sein können – Nuklearwissenschaftler oder liebenswerte Slacker, die sich stoned den ganzen Tag Videos über die Rolle von Aliens in der Planung des Suez-Kanals reinklingeln können, müssen Frauen nach wie vor schmerzhaft verantwortungsbewusst sein.

Ein Schlüsselerlebnis sei für sie gewesen, als sie Ende 20 immer wieder danach gefragt wurde, ob sie nicht endlich mal schwanger werden wolle. Sie habe doch so lange vor sich hingelebt, sei es nicht endlich mal Zeit, Nägel mit Köpfen zu machen? Sie wäre doch bestimmt eine richtig gute Mutter! Da ging ihr auf, dass von Frauen immer noch erwartet wird, auf höhere Ziele hinzuarbeiten und ihr ganzes Dasein in deren Dienst zu stellen. In diesem Fall: sich vermehren, und sich dementsprechend auf ein Leben als besonders verantwortungsvolle Kümmerperson vorzubereiten.

Frauen sollen immer reif, besonnen und umsichtig sein. Kurz: in der Lage, sich um andere zu kümmern. Dahinter steckt die viel größere kulturelle Annahme, dass verantwortungslose weibliche Slackerinnen nicht existieren. Oder vielmehr nicht existieren dürfen. Immer noch geht man davon aus, dass alles, was Frauen tun, einem höheren Ziel folgt. Wenn sie sich nicht darauf vorbereiten, sich um ein potenzielles Kind zu kümmern, dann sollen sie sich gefälligst auf berufliche Ziele fokussieren. Kind oder

Karriere eben. Es scheint fast anstößig, davon auszugehen, dass Frauen vielleicht gar keinen Bock darauf haben, sich ständig für sinnvolle Aufgaben zu wappnen – sei es nun beruflich oder privat. Nein, man geht immer noch davon aus, dass es eine natürlich weibliche Eigenschaft ist, dass Frauen sich kümmern und organisieren, malochen und zurückstecken. Moss ist zudem der Meinung, dass die Girlboss-Bewegung Ehrgeiz, Organisiertheit und Fokus stumpf mit »Weiblichkeit«[45] verwechselt hat – und damit selbst auf kulturelle Mythen hereingefallen ist:

> »Leute tun so, als ob man als Frau mit 26 plötzlich geil auf Excel-Tabellen wird, als wäre es Evolutionsbiologie, anstatt dass Frauen dazu gezwungen werden von einer Gesellschaft, die unsere Kreativität abwertet, unser Vergnügen abwertet, und so tut, als würde sie uns endlich respektieren, wenn wir uns dem Kapitalismus nur in all seiner Hässlichkeit hingeben, und die Arbeit machen, die sonst niemand erledigen will..«[46]

Außerdem findet sie, dass die Girlboss-Bewegung unheimlich gut darin war, verschiedene Stimmen unsichtbar zu machen: »kreative Menschen, verträumte Menschen, neurodiverse Menschen, Menschen mit anderen Prioritäten, die nicht in die über-strukturierte Schablone passen«[47]. Und vor allem: Es ist immer noch weit verbreitet, zu glauben, dass Frauen keine richtigen eigenen Vergnügen brauchen. Beziehungsweise wird ihnen oft nur die Art an Vergnügen zugestanden, die gesellschaftlich zuträglich sein könnten: Kinder aufziehen. Hyper-Organisation. Penetrativer Sex.

Dass Frauen an sinnlosem Quatsch Freude haben könnten, scheint keine Option. Moss identifiziert auch einen Mangel an **richtigen** Girllosern in der Popkultur. Über männliche Verlierer gäbe es zum Beispiel Filme ohne Ende, deren Intention es sei, komplett ziellose Männer zu feiern und als besonders spaßig und liebenswert zu identifizieren: »The Big Lebowski« ist ein Prachtexemplar. Sowieso drehen sich die meisten Filme des erfolgreichen Regisseurs und Produzenten Judd Apatow um unreife, aber herzensgute Männer mit Hang zum Kiffen und erfolgreiche, bestens organisierte Frauen, die sich zu den Kindsköpfen hingezogen fühlen und sie bemuttern. Es gibt auch eine Reihe von Girllosern in der Popkultur, aber die meisten folgen einer Mission: Sie sind entweder auf der Jagd nach der großen Liebe wie Bridget Jones aus den gleichnamigen Filmen, oder sie sehnen sich nach beruflichem Erfolg und Selbstverwirklichung, wie zum Beispiel Annie aus *Brautalarm*. Oder sie manövrieren sich durch ein chaotisches (Liebes-)Leben, haben aber dennoch das ein oder andere vorzuweisen – wie zum Beispiel Fleabag, die in der gleichnamigen Serie zwar eine Spur der Verwüstung nach sich zieht, aber dennoch unfassbar smart und, wenn es darauf ankommt, verlässlich ist.

Als ich Mitte der 90er ein Teenie war, haben mich zwei Girlloser in ihren Bann gezogen, die bis heute unvergessen sind: Dawn Wiener aus *Willkommen im Tollhaus* und Muriel Heslop aus *Muriels Hochzeit*. Ich schätze, Dawn und Muriel sind für das Mainstreampublikum längst nicht so kultig wie »der Dude« aus *The Big Lebowski*, und einen Multimillionen-Dollar-Kult haben sie auch nicht ausgelöst, aber sie sind vielen im Gedächtnis geblieben – mir sowieso.

Erst vor Kurzem habe ich *Willkommen im Tollhaus* einer guten Freundin empfohlen. Der Film ist für mich ein Klassiker wie die Komödie *Napoleon Dynamite*, aber da er aus weiblicher Perspektive erzählt wird, ist die Produktion mittlerweile nur noch als Rarität erhältlich. Die Schülerin Dawn Wiener (Heather Matarazzo) scheitert an ihrem sozialen und familiären Umfeld und am Ende auch an sich selbst. Der Film hat einen sehr dunklen Humor, der typisch ist für seinen Regisseur Todd Solondz, und ist teilweise nur schwer zu ertragen. Dennoch enthält er ganz versteckt eine rührende Botschaft: Dawn steht bei allen

Schlappen und Fallstricken, denen sie im Leben begegnet, konsequent für sich selbst ein. Es fühlt sich immer noch revolutionär an, dass dieser Film 1995 eine junge weibliche Figur zeigt, die weder besonders süß noch nett noch fleißig noch smart ist, die aber trotzdem genuin authentisch und vor allem sich selbst zugewandt agiert. Fast alle, denen ich jemals diesen Film empfohlen habe, haben im Nachhinein berichtet, dass sie ihn mit einem gewissen Unbehagen geguckt haben – mir ging es beim ersten Mal nicht anders. Dawn hat nämlich: das gewisse *Garnichts*.

Und in diesem *Garnichts* steckt das pop-revolutionäre Potenzial des Films. Indem man eine weiblich gelesene Figur zeigt, die einfach nur mit allen Makeln, schlechten Charaktereigenschaften und Lustlosigkeiten existiert, hat man mit Dawn Wiener eigentlich eine Ikone erschaffen. Eine Figur, die unspektakulär, unperfekt und einfach nur sie selbst ist – und dazu noch einen großen Bruch mit gesellschaftlichen Anforderungen leistet, indem sie keine ausgleichenden Fähigkeiten mitbringt, die ihre Defizite ausbügeln könnten. Süß oder klug – das ist die Messlatte, die Mädchenfiguren in Filmen sonst oft angelegt wird. Dass jenseits davon etwas existieren kann, sorgt für Unbehagen, da es in unserem kulturellen Drehbuch einfach nicht vorgesehen ist. Dawn ist nicht smart –

aber auch nicht besonders süß. Sie ist nicht gut in der Schule – aber auch nicht besonders lustig. Sie ist nicht hübsch im klassischen Sinne – und sie trägt noch nicht mal coole Klamotten. Sie nervt ihre Mitschüler_innen – und hat nicht mal anständige Hobbys oder Talente. Und selbst ihrem besten Freund gegenüber verhält sie sich manchmal wie ein impulsives Arschloch. Fast alle, denen ich jemals diesen Film empfohlen habe, sind wie ich nach ihrem ersten Unbehagen zu großen *Willkommen im Tollhaus*-Freund_innen geworden. Niemand will Dawn sein – dabei steckt ein Teil von ihr in uns allen.

Ich habe *Willkommen im Tollhaus* das erste Mal Mitte der 1990er Jahre geguckt und war direkt fasziniert von dem Film – wenn auch zunächst auf negative Art und Weise. Dawn Wiener berührte mich schmerzhaft, und ich wollte ständig in den Film reinspringen, um sie zu beschützen oder ihr Nachhilfe im Umgang mit anderen Menschen und vor allem Kindern zu geben, nur um nach und nach zu lernen, dass dieser Impuls völlig falsch war. Dawn schreckte mich ab, da ich mich vor allem in ihren Nicht-Qualitäten wiederfand, denn sie sprach alle meine Teenager-Urängste an: Die Angst, nicht cool genug, nicht smart genug, nicht »in« genug zu sein, kannte ich nur zu gut. Dass mir nun eine Figur präsentiert wurde, die absolut nichts zu liefern hatte, kam mir fast schon anrüchig vor. Die Stärke, die in der Figur lag, erkannte ich erst im Laufe der Zeit: Dass ein Mädchen durchaus auf alle Anforderungen, die an sie gestellt werden, pfeifen kann – und trotzdem **natürlich** existiert.

Dawn IST einfach nur, und sie navigiert sich durch ihren Alltag in einer Welt, die von morgens bis abends nur Anforderungen an Kinder und vor allem Mädchen stellt, denen sie niemals auch nur ansatzweise gerecht werden können. Neben vielen schmerzhaften Stellen gibt es ein paar Szenen, die auf fast schon atemberaubende Art und Weise empowernd sind: Wenn Dawn es sich im Elternhaus mit einer Limo vor dem Fernseher gemütlich macht und sich kein bisschen daran stört, wenn die kleine Schwester sie darauf hinweist, dass sie im »Fernsehzimmer nicht trinken soll«. Oder wenn sie sich voll und ganz in die Schwärmerei für den wesentlich älteren Steve reinsteigert, und irgendwie überzeugt ist, dass er genauso für sie empfindet, obwohl das offensichtlich nicht der Fall ist. Dawn gibt sich ihren Bedürfnissen und Fantasien hin, ohne sich von den Rückmeldungen der Außenwelt irritieren zu lassen. Denn sie hat etwas, das in einer modernen Gesellschaft für eine Außenseiterin wie sie eigentlich nicht vorgesehen ist: ein unerschütterliches Selbstbewusstsein.

Der Film ist im besten Sinne *merkwürdig*, weil man

sich nicht erklären kann, woher sie dieses Selbstbewusstsein nimmt. Sie ist wirklich der klassische Girlloser. Genau da liegt für mich die empowernde Botschaft: Was, wenn man gesellschaftliche Anforderungen weder erfüllen kann noch will? Und stattdessen einfach als man selbst existiert? Das mag abgenudelt klingen: »Man selbst sein!« Doch haben sich nicht die meisten von uns Eigenschaften abtrainiert, die zwar zu uns gehörten, aber nicht erwünscht sind, wenn man in diesem System noch besser funktionieren will?

Und dann ist da noch mein anderes Girlloser-Vorbild: Muriel Heslop aus dem australischen Indie-Film *Muriels Hochzeit*. Der Film erschien 1994 und erzählt die recht universale Geschichte einer jungen Frau aus Kleinstadtverhältnissen, die sich zu Höherem berufen fühlt, aber in den Fängen von Kleinfamilien-Dynamiken und Vorstadt-Mief feststeckt. Muriel hat einen Arschloch-Vater, der ihr sowie ihren Geschwistern immer wieder vorhält, »ein Versager« zu sein. Sie hat keinerlei Perspektiven, aber ein Ziel: Sie möchte heiraten und »erfolgreich« sein. In ihrem Heimatort ist sie Außenseiterin par excellence, sodass von Anfang an naheliegt, dass sie ihren zukünftigen Ehemann hier auf keinen Fall finden wird. Nicht mal für Freund_innenschaften reicht es an diesem trostlosen

Ort, denn Muriel ist arbeitslos, kleidet sich konsequent peinlich und lebt in ihrer eigenen Parallelwelt, in der sie sich voll und ganz den Songs von ABBA hingibt und von ihrer Hochzeit träumt. Mit den blonden Beach-Beautys ihrer Stadt kann sie so nicht mithalten.

Es ist die Mischung aus Erfolglosigkeit, merkwürdig obsessivem Fandom für eine altbackene Popband und einem exzentrischen Look, der jenseits des Male Gaze operiert, der Muriel auf den ersten Blick in die Verliererinnen-Rolle manövriert. Dennoch lauert auch in dieser Geschichte der Triumph. Nach verschiedensten peinlichen Versuchen, dazuzugehören, anderen Widrigkeiten und einer inspirierenden Freund_innenschaft erkennt Muriel, was für sie wirklich im Leben zählt: ein gesundes Verhältnis zu sich selbst, das sie jenseits gesellschaftlicher Anforderungen suchen und finden muss.

Es ist kein Wunder, dass der Film auch in der queeren Community auf viele Bewunder_innen trifft: Die Geschichte von Muriel operiert letztlich jenseits heteronormativer Vorstellungen, da ihre Ehe-Sehnsucht nicht als höheres Ziel, sondern als peinliches Unterfangen mit ordentlich Slapstick-Potenzial aufgegriffen wird. Und auch neoliberale Verwirklichungen gelten nicht.

Muriel, die aus ihren vermeintlich peinlichen Vorlieben keinen Hehl macht, versinnbildlicht den Female Gaze: etwas, mit dem sich sicher nicht nur Außenseiter_innen identifizieren können, sondern ganz allgemein auch Menschen, die sich immer wieder in das enge Dreieck aus patriarchalen Strukturen, männlichem Besitz- und Anspruchsdenken und Kapitalismus pressen müssen.

Als Mädchen, Frau oder queere Person einfach nur existieren zu dürfen, ohne sexistischen und kapitalistischen Anforderungen standzuhalten, ist nach wie vor revolutionär. Sich genau diesen Strukturen zu entziehen, ist die viel größere Herausforderung, als sich mit Leistungs- und Begehrlichkeitszwängen zu belasten. Frauen zu bestrafen, wenn sie nicht im Rahmen verbreiteter Verwertungslogiken funktionieren, ist nichts Neues. Europa zum Beispiel erlebte zwischen 1550 und 1650 einen Höhepunkt bei der »Hexenverfolgung«: Frauen und durchaus auch Männer wurden in jenen Jahren der »Hexerei« beschuldigt – und viele von ihnen umgebracht. Die Opfer kamen mehrheitlich aus der einfachen Bevölkerung, und es waren vor allem drei Sorten von Frauen, auf die man es abgesehen hatte: Alleinstehende und unabhängige Frauen (vor allem Witwen), Kinderlose und Alte[48]. Es war ganz egal, wie harmlos die Frauen waren: Passten sie ins Raster der »Hexe«, war man überzeugt davon, dass sie machtvoll genug waren, um unfassbaren Schaden anzurichten. Erst als die höheren Schichten, die lange von den Anschuldigungen verschont blieben, selbst von den Verfolgungen betroffen waren, stellte man die Prozesse schnell ein[49].

Es war gar nicht viel nötig, um die Verfolger zu provozieren, und war man einmal auf dem Hexen-Radar gelandet, konnte man kaum noch etwas richtig machen. In Herford, einer Nachbarstadt von Bielefeld, gibt es in der Innenstadt an einer Mühle eine Gedenktafel am ehemaligen »Hexenkolk«. Ostwestfalen war in Deutschland eine Hochburg der Hexenverfolgung, und der Hexenkolk in Herford war der Ort, an dem die der Hexerei Beschuldigten der sogenannten »Wasserprobe« unterzogen wurden: Sie wurden ins Wasser geworfen, und wer unterging und ertrank, war unschuldig. Wer aber schwimmen und sich retten konnte, war eine Hexe und musste hingerichtet werden. Jedes Mal, wenn ich am Hexenkolk vorbeigehe, denke ich über diese Ironie nach, die sinnbildlich dafür steht, dass Frauen es einfach nicht richtig machen können.

Im Laufe meiner Netzaktivitäten habe ich immer wieder mitbekommen, wie harmlose weibliche Vergnügen diskreditiert und verlacht wurden. Angefangen von DIY-Aktivitäten, Beauty-Themen oder klassischem Femme'tertainment: Das, was Frauen für sich selbst und zum Spaß machen, wird immer wieder als sinnloses Tamtam abgetan oder sogar problematisiert.

Pink ist *schlecht*, mit *Barbies* spielen macht *dumm*, sich schminken ist eine *Absage an Natürlichkeit* und macht oberflächlich: Auch einige feministische Diskurse der letzten anderthalb Jahrzehnte haben verdeckt misogyne Botschaften verbreitet, aber so getan, als geschähe das alles im Interesse von Frauen. Dabei ist das völliger Unsinn. Ich habe, als ich ein Kind war, mit Barbies gespielt, als gäbe es kein Morgen mehr, die Farbe pink noch nie verachtet, und mir manchmal mehr Make-up zugelegt, als mein Geldbeutel erlaubte: Ginge es nach all den Verteufler_innen von Weiblichkeit, müsste ich längst an einer ausgewachsenen Hirnschmelze leiden.

Auch Auswürfe der Popkultur, die ein eher weibliches oder queeres Publikum ansprechen, werden immer noch oft abgetan als Produkte für Leute, die »keine Ahnung« haben – und dass immer noch selbsternannte Feminist_innen auf diese Trittbretter aufsteigen, ist wirklich schade. Noch heute habe ich Menschen in meinem Feed, die sich zwar für radikal emanzipiert halten, aber zugeben, dass sie die Musik von Taylor Swift lange Zeit für »Mädchenmucke« gehalten haben.

Also, Hand aufs Herz: Wenn Frauen bis hierher schon für alle möglichen harmlosen, aber irgendwie noch salonfähigen Vergnügungen kritisiert werden – was soll dann erst werden, wenn sie sich wirklich nur noch mit Quatsch befassen, und zwar ohne schlechtes Gewissen?

Verwöhnt und verhätschelt

Ich bin keine Bildungsaufsteigerin, sondern komme aus einem Elternhaus, dem ich das Label »brüchige Bürgerlichkeit« aufdrücken würde. Meine Eltern waren im Laufe ihres Lebens in jeweils neue Klassenzugehörigkeiten gestolpert – meine Mutter als Arbeitertochter durch Heirat, mein Vater durch sein Medizinstudium. Beide bewegten sich zeit ihres Lebens eher steif in den Kreisen, denen sie im Erwachsenenalter aufgrund ihrer neuen Rollen zugeordnet wurden.

Ich glaube, sie fanden sich nie so recht in dieser Bürgerlichkeit ein, auch wenn sie alles versuchten, um das Spiel mitzuspielen. Sie karrten uns zum Klavierunterricht, zum Judo und zum Fußball, kauften uns Bücher en masse, und meine Mutter analysierte in ihren jüngeren Jahren die kulturellen Codes der anderen Mütter in unserem Umfeld genau, um so etwas wie ein neues Milieu-Bewusstsein zu entwickeln. In Bezug auf uns Kinder war sie ziemlich gut darin, die

Zeichen von Bürgerlichkeit zu identifizieren: Teure Oiliy-Klamotten waren gut. Waldorfpuppen waren hässlich, aber wichtige Statussymbole. Holzspielzeug war der Endshit, Musikunterricht das Eingangstor zu Anerkennung.

Trotzdem war unverkennbar, dass meine Eltern und unser Leben als Großfamilie irgendwie »anders« waren als unser Umfeld. Zunächst mal hatten meine Eltern es fertiggebracht, fünf Kinder in die Welt zu setzen, was auch in den 1980er-Jahren eine stramme Leistung war. Hinzu kam unser Mangel an »Kultiviertheit« im bürgerlichen Sinne. Wir waren die Familientruppe, die gemeinsam zu MARKTKAUF, zum Falafel essen nach Düsseldorf oder in Freizeitparks fuhr, aber wir gingen nie ins Museum, Theater oder gar in die Oper. Der Fernseher lief bei uns 24/7, und auch was pädagogische Maßnahmen betraf, waren meine Eltern eher unbedarft. Außer für die Familienmahlzeiten gab es keine festen Strukturen. Wenn wir draußen spielten, orientierten wir Kinder uns an den Heimgehzeiten unserer Spielkamerad_innen, um überhaupt irgendwann den Weg nach Hause anzutreten. An der Einrichtung der diversen Häuser, die meine Eltern bezogen, war ablesbar, dass bürgerliche Distinktion nicht das größte Talent meiner Eltern war. Mein Vater war zufrieden, wenn er ein Sofa und einen Fernseher hatte, und meine Mutter hatte einen ausgeprägten Hang zur Schnäppchenjagd, den sie voll und ganz bei der »Inneneinrichtung« auslebte. Unser Zuhause war ein Sammelsurium von Tchibo-Geschirr, Aldi-Beistelltischchen, Wachstuchdecken vom Super-Schnäppchen-Discounter und Outlet-Möbeln.

Hinzu kam, dass meine Eltern beide starke Persönlichkeiten waren, die in einem gewissen Konkurrenzverhältnis miteinander rangen. Meine Mutter war stolz auf ihre Arbeiterherkunft und hielt meinen Vater für einen verwöhnten Schnösel, der sich durch das Medizinstudium manövriert hatte und nun den ganzen Tag Lorbeeren in seiner Hausarztpraxis kassierte, während sie an der Haushalts- und Familienfront die weitaus wichtigeren Alltagskämpfe austragen musste. Mein Vater hingegen bestand darauf, dass er meine Mutter aus »armen deutschen Verhältnissen« befreit hatte, und ihr ein Leben ermöglichte, das sie ohne ihn wahrscheinlich nie hätte führen können. Das ewige Rangeln miteinander, mit sich selbst und dem Status, der ihnen zugeordnet wurde, aber dem sie am Ende doch nie gerecht werden konnten, führte auch dazu, dass meine Eltern in meiner Kindheit ständig abgehetzt und rastlos waren. Ich konnte sie nie dabei beobachten, dass sie ihre erworbenen Privilegien oder die Früchte ihrer Arbeit genossen hätten.

Stattdessen lebten sie mit dem Verdacht, jederzeit wieder in »die Armut«™ abrutschen zu können. Solange mein Vater seiner Arbeit nachgehen konnte, war das undenkbar. Aber als wir Kinder erwachsen waren, gestand er uns, dass er sich oft überfordert gefühlt hatte, allein für sechs Personen finanziell zuständig zu sein – und das »in der Fremde«.

Dennoch entwickelten meine Eltern im Laufe der Zeit so etwas wie eine Anspruchshaltung und Selbstbewusstsein, was später in ihrem Leben darin gipfelte, dass sie gar keinen Wert mehr darauf legten, es irgendwem recht zu machen. Vielmehr gaben sie sich ihrer eigenen Exzentrik mehr und mehr hin und verbogen sich nicht mehr. Sie konnten es sich leisten, hatten aber erst spät damit angefangen, einfach nur sie selbst zu sein.

Die Zustände bei uns zu Hause waren rückblickend also sympathisch, aber durch und durch chaotisch. Meine Geschwister und ich waren einerseits verwöhnt, anderseits oft auf uns gestellt, weil meine Eltern zu sehr mit sich und ihren Riesenbergen an Arbeit beschäftigt waren. Wir wirkten – vor allem im weiß-deutsch-bürgerlichen Sinne – eher wie eine unkonventionelle Familie, was auch auf uns Kinder Auswirkungen hatte. Meine Eltern waren quasi die ersten Außenseiter, die ersten Misfits, denen ich in meinem

Leben begegnet bin. Das, sowie der Migrationshintergrund, den mein Vater in unsere Familie gebracht und damit auf uns Kinder übertragen hat, führte dazu, dass ich in den letzten Jahren oft als Bildungsaufsteigerin gelesen wurde – obwohl ich meine soziale Herkunft nie verschleiert habe. Es ist wichtig, über geerbte Privilegien zu sprechen, da ich immer wieder feststelle, dass das Vorhandensein von Kapital in Familien gerne unter den Tisch fallen gelassen wird, wenn über die eigene Biografie gesprochen wird. Ich hatte seit Kindheitstagen immer die leise Vermutung, dass mein Leben vielleicht anders wäre, wäre mein Vater nicht der angesehene Kleinstadtarzt, sondern ein Fabrikarbeiter oder Pizzabäcker gewesen.

In der Schule war ich in den ersten Jahren von weiß-deutschen Kindern umzingelt. Es gab wenige »Ausländerkinder« (das Wort »Migrationshintergrund« gab es damals noch nicht), und diejenigen, denen ich begegnete, waren nicht so gepudert wie ich – sie wohnten mit ihren Eltern in kleinen Wohnungen, mussten sich ihr Zimmer mit Geschwistern teilen und noch mehr Verantwortung übernehmen als ich. Auch auf dem Gymnasium änderte sich die Situation nicht – ich gehörte immer noch zur »Minderheit«. Hinzu kam aber, dass mein Vater in unserem Ort eine Sonderrolle innehatte. Noch heute kann ich irgendwo in Rheda-Wiedenbrück anrufen, und mir völlig fremde Menschen können meinen Namen einwandfrei aussprechen und buchstabieren, ohne dass ich nachhelfen muss. Mein Vater war so etwas wie ein Lokalprominenter – einer, der auch schon mal in der Obst- und Gemüseabteilung des Supermarktes Leute einrenkte, wenn sie ihm beim Einkaufen von ihren Rückenschmerzen erzählten. Meine Herkunft war also offenbar nicht »bildungsfern« – das wussten auch die Lehrer_innen, die mir die gymnasiale Laufbahn empfohlen. Klar, ich war eine kleine Streberin, und meine Geschwister hatten es aus verschiedenen Gründen schwerer als ich während ihrer Schullaufbahn. Ich bin die Einzige von uns, die ohne Umweg durch das Abitur gewandert ist. Dennoch trug auch mein ortsweit bekanntes »class privilege« dazu bei, dass ich sanft durch die Jahre der weiterführenden Schule wandelte.

Dass meine Eltern unkonventionell waren, fiel da nicht weiter ins Gewicht. Denn sie hielten zumindest an einem klassischen Erziehungsziel fest, nämlich uns Kinder irgendwie wettbewerbsfähig zu machen. Mein Vater hatte ein Bewusstsein dafür, dass meine Geschwister und ich mehr leisten mussten als »andere Kinder«™ (sprich: deutsche Kinder): »Vergesst nicht, ihr seid Ausländer«, pflegte er zu betonen, wenn er uns zu besseren schulischen Leistungen anspornte.

Ich würde gerne sagen, dass mir diese Aussage

als Kind komisch vorkam, aber dem war nicht so. Irgendwann zwischen Kindergarten und Grundschule hatte ich bereits geschnallt, dass meine Familie irgendwie anders war, und genug Rassismus internalisiert, um mich mit meiner ominösen Ausländerrolle zu identifizieren.

Besonders die Konfrontation mit der weiß-westdeutsch-christlichen Kultur, die uns umgab, machte mir unsere Andersartigkeit bewusst. Fühlte ich mich die meiste Zeit wie ein ganz normales Kind, holte mich beim Religionsunterricht mit verpflichtendem regelmäßigen Kirchenbesuch mit der Schulklasse die Realität ein: Hier gehörte ich nicht hin.

In der Kirche hockte ich ständig verwirrt auf der Bank und wusste nicht, welche Rolle ich einnehmen sollte. Still und bewegungslos zuschauen? Oder mitmachen? Ich wusste auch nicht, ob es vielleicht irgendwie schadhaft war, die Aktivitäten meiner Klassenkamerad_innen nachzuahmen – singen kam mir noch einigermaßen unverfänglich vor, aber beim Beten war ich mir nicht so sicher. Trotzdem bekreuzigte ich mich regelmäßig, um nicht aufzufallen – und ich kann euch sagen, Spaß hatte ich dabei nicht, weil ich mir wie eine Verbrecherin vorkam.

Im Religionsunterricht, in dem ebenfalls ständig gebetet und gesungen und außerdem gemalt wurde, gab ich mein Bestes. Meine Eltern behaupteten immer, dass es gut sei, dass wir diese Stunden besuchten, da man da »ganz allgemein« etwas über »alle Religionen« lernen würde, was aber so nicht stimmte. Wir lernten zwar etwas über andere Religionen, vor allem aber, dass sie nicht so geil wie das Christentum sind. Und so wurde der Religionsunterricht zum ersten Ort meines persönlichen Scheiterns – nicht, weil ich nicht genug Leistung erbrachte, sondern weil auf der Hand lag, dass man mich als teilnehmende Beobachterin nicht so richtig ernst nehmen konnte. Ich bekam solide Noten, konnte aber nie das Maximum aus der Bewertungsklaviatur für mich herausholen. Nicht mal mein Hinweis darauf, dass Jesus wahrscheinlich eher im Dorf meines Vaters rumgelaufen war als in Rheda-Wiedenbrück, konnte mir Pluspunkte einbringen. Mir fehlte das »gewisse Etwas« – die richtige Herkunft und die richtige Konfession. Ausgerechnet der eigentlich harmlos erscheinende Korpus des konfessionsgebundenen Sing- und Malspaß-Unterrichts wurde für mich zur ersten Lektion von »Leistung lohnt sich nicht«.

Dennoch war ich, was meine Schullaufbahn betraf, insgesamt ein Gewinnerkind. Das hatte im Nachhinein betrachtet auch ableistische Gründe. Mein großer Bruder, der unfassbar intelligent war, war Legastheniker, und prallte damit auf ein Schulsystem, das zwar seine Andersartigkeit als Information abspeicherte, aber dennoch darauf ausgelegt war, dass er sich anpassen müsste. »Legasthenie hin oder her – man muss trotzdem ein paar Sachen einfach begreifen können. Zum Beispiel, dass am Satzanfang die Wörter großgeschrieben werden«, lautete die Einschätzung der meisten Lehrer_innen, wenn sie sich mit meinem Bruder abmühten. Meine Eltern verzweifelten regelmäßig an diesen Rückmeldungen, versuchten aber, meinen Bruder zum Durchhalten in diesem nicht für ihn gemachten System zu bewegen.

Er hatte bereits zwei Jahre Triezerei hinter sich, als ich an derselben Schule eingeschult wurde. Seine Lehrer_innen wurden zum Teil auch meine, und neurotypisch, wie ich war, wurde ich im Gegensatz zu ihm schnell als Wunderkind gehandelt. Ich war herrlich angepasst, lernte schnell akkurat lesen und schreiben und konnte als i-Tüpfelchen schon ein Instrument spielen, als ich in der ersten Klasse saß. Niemand schien zu ahnen, dass ich eigentlich nur ein zur Normierung geeignetes Kind war – ich am wenigsten, denn ich entwickelte schnell die typische Arroganz einer Streberin. Bis zum Abitur und darüber hinaus glaubte ich, dass auch ich besonders schlau war – der Gedanke, dass ich mich einfach nur gut in einem System machte, das auf Leute wie mich zugeschnitten war, kam mir lange Zeit natürlich nicht. Warum auch?

Ich ging auf ein bürgerliches Gymnasium, hatte Eltern, die das nötige Kleingeld für Klavierunterricht, Bücher und anderen Schabernack hatten, und ich war umgeben von Kindern, denen es mehr oder weniger genauso ging. Wir wurden darauf vorbereitet, die »Elite von morgen« zu sein, was niemandem peinlich war – weder uns, unseren Eltern, noch unserem Schuldirektor, der es wortwörtlich so auf unserer Abitur-Abschlussveranstaltung in der Aula formulierte.

Unsere Berufswünsche waren erlesen: Wir wollten Ärzt_innen, Tierärzt_innen, Rechtsanwält_innen, Lehrer_innen werden, manchmal gab es noch illustre Ideen wie Reit- oder Ski-Lehrer_in, weil man diese Jobs aus den hochpreisigen Hobby-Umfeldern der (eigenen) Gutverdiener-Eltern kannte. Keine_r wollte Maschinen- und Anlageführer_in werden oder Verkäufer_in oder Kellner_in. Meine Eltern hatten keine hochpreisigen Hobbys, aber durch den Beruf meines Vaters kam auch mein eigener Snobismus nicht zu kurz. Um meinem jüngeren Ich gegenüber jedoch fair zu bleiben: Ich kannte es nicht anders.

Ich war, wie gesagt, verwöhnt as fuck – genauso wie meine Geschwister. In einem der ersten Häuser, das wir bewohnten, gab es für uns ein Riesenspielzimmer mit eigenem Fernseher im Erdgeschoss, das neben dem Näh- und Bügelzimmer meiner Mutter lag. Meine Eltern erlaubten uns viel, ließen uns viel durchgehen, und in unserem Haus ging es äußerst lebhaft zu.

Tagsüber liefen fast durchgängig die Spül- und die Kaffeemaschine, und es klingelte in einer Tour an unserer Haustür, weil die Nachbarskinder mit uns spielen wollten – auch weil in unserem Spielzimmer der Fernseher stand, was schnell die Runde gemacht hatte.

»Ich finde es voll nett, dass deine Eltern erlauben, dass ihr Fernsehen gucken könnt, wann ihr wollt, und dass ihr Cola trinken könnt, wann ihr wollt!«, sagte eins der Nachbarskinder zu uns, wenn wir im Spielzimmer Fernsehen guckten und dabei Cola tranken. »Was, ihr dürft keine Cola trinken?« Wir waren vollkommen entsetzt.

Meine Geschwister und ich, wir durften alles, und wir bekamen alles. Und jede_r von uns hatte spezielle Eigenschaften perfektioniert, die sicherstellten, dass es auch so blieb. Brav sein war meine Spezialität, vor allem im Vergleich zu meinen Geschwistern. Ich räumte immer mein Zimmer auf, machte ordentlich meine Hausaufgaben, und meine neunmalkluge Strebsamkeit nutzte ich oft als Waffe, um meine Geschwister auszustechen. Einmal fing mich an einem

Zeugnistag nach Schulschluss mein jüngerer Bruder, der auf eine andere Schule ging als ich, auf dem Schulhof ab. Er war extra mit dem Rad herangerast, um mich auch ja nicht zu verpassen. »Nadia, es wäre gut, wenn du heute dein Zeugnis noch nicht zeigst. Am besten zeigst du es erst morgen«, verkündete er atemlos. »Mein Zeugnis ist so scheiße, das gibt doppelt Ärger, wenn du deins danebenlegst.« »Gut«, willigte ich ein. »Das macht dann zehn Mark!« Ja, so eine miese Bitch konnte ich auch sein, vielleicht sogar ein Kinder-Girlboss.

Bis zur Oberstufe ruckelte ich geschmeidig durch die Schuljahre, ohne dass es mich allzu viel Kraft kostete. Ich war eins von den »gifted kids«, und ich hatte den Vorteil, dass ich ziemlich schnell begriff, was die Lehrer_innen von mir wollten. Meine Leistungsperformance war eins a: Ich kam immer rüber wie eine Schülerin, die ihren *shit together* hatte. Dass ich manchmal in der Fünfminutenpause meine Hausaufgaben in meine Hefte schmierte, fiel niemandem auf: »Work smart, not hard« beherrschte ich, noch bevor ich diese geflügelten Worte überhaupt das erste Mal gehört hatte. Das führte dazu, dass ich im Laufe der Jahre gewissermaßen eine strategische Leistungsverweigerin wurde.

Was ich in der Zukunft machen wollte, wurde mir

mit zunehmendem Alter immer unklarer, obwohl ich ein paar Ideen hatte. Das Einzige, was mich statt möglicher Studienfächer interessierte, war, zum Studieren auszuziehen und zu fantasieren, wie ich meine Studentinnenbude einrichten würde.

Wenn ich in meinen alten Tagebüchern lese, kann ich quasi nachverfolgen, wie mir die Schule und meine Leistungen immer egaler wurden. »Oh Gott, ich habe eine Zwei minus in Deutsch bekommen. Mein Leben ist scheiße!«, jammerte ich noch in der siebten Klasse. In der Oberstufe aber dachte ich über mittelmäßige Noten, die ich auch ab und zu einsackte, gar nicht mehr nach. Überhaupt beschäftigte ich mich kaum noch mit Zukunftszielen, die an Leistung gebunden waren – vielmehr machte ich mich damals schon auf die Suche nach einer Möglichkeit des Existierens, in der ich, so gut es ging, ich selbst sein könnte. Ich erstellte Listen von Platten, die ich hören, Filmen, die ich gucken, Büchern, die ich lesen, und Orten, die ich bereisen wollte. Ich wollte all das tun, wozu meine Eltern nie gekommen waren: mich um mich selbst und meine Interessen kümmern. Ich wollte so nah wie möglich bei mir *selbst sein,* auch weil ich schon in jungen Jahren gelernt hatte, welche schmerzhaften Spuren es hinterlassen kann, wenn man nur für sein (Arbeits-)Umfeld existiert. Meine Eltern hatten es schließlich vorgelebt.

Viele Aspekte meiner Kindheit und Jugend waren von einer Sorglosigkeit geprägt, die mich eigentlich dazu prädestiniert hätte, mich mit einer ausgeprägten Anspruchshaltung durch das Leben zu bewegen. Aus dem verwöhnten Schnöselkind, das ich war, hätte ohne Probleme ein ausgewachsener Girlboss werden können, ein Nepo-Baby, das heute überzeugt davon wäre, alles im Leben aus eigener Leistung geschafft zu haben. Doch einerseits taten sich schon in diesen prägenden Jahren Brüche auf und schließlich manövrierte ich mich mit Anfang zwanzig auf unerwartete Weise aus den mittelbehüteten Fängen meines Elternhauses heraus. Und das war, gelinde gesagt, hart und arbeitsintensiv.

Von der Skyline zum Bordstein

Nach dem Abitur beschloss ich, etwas zu studieren, was mir Spaß machte, ohne irgendeine Ahnung zu haben, ob mir das in der Zukunft beruflich nutzen könnte. Meine Wahl fiel auf Literaturwissenschaften und Spanisch. In der Zeit zwischen Abitur und Studienanfang jobbte ich in einer Bäckerei – mein erster richtiger Job, denn außer ein paar Abstechern ins Nachhilfe-, Babysitting- und Supermarktinventur-Business hatte ich keine praktischen Erfahrungen vorzuweisen. Ich stand morgens um sechs Uhr in der Backstube, packte Brötchenrohlinge in den Ofen, kümmerte mich um die Auslage, putzte das in die Bäckerei integrierte kleine Café, bediente die Kund_innen und machte die Kasse für zehn Mark pro Stunde.

Ich machte meinen Job so gut, dass die Filialleiterin mir im Eifer des Gefechts und zu meinem Entsetzen eines Tages einen Ausbildungsplatz anbot. Ich wiegelte direkt ab mit dem Hinweis, dass bald mein

Studium beginnen würde. Sah ich etwa aus wie eine Person, die von einer Zukunft als Bäckereifachverkäuferin träumte? In der Schule und durch mein persönliches Umfeld hatte ich trotz meiner generellen Planlosigkeit eine deutliche Ablehnung für gewisse Berufe entwickelt, die mir unter meinem Niveau schienen. Statt mich also über das indirekte Lob zu freuen, fühlte ich mich nahezu persönlich angegriffen.

Ich war nicht die Einzige, die das Gefühl hatte, dass dieser Job eigentlich nichts für mich war. Als mein ehemaliger Philosophielehrer eines Tages an der Theke stand, fiel er fast in Ohnmacht, »Nadia!«, rief er. »Um Gottes willen! Was machst du denn hier?« Ich beruhigte ihn schnell und versicherte ihm, dass ich nur in der Bäckerei jobbte, bis mein Studium beginnen würde. Er war erleichtert. Meine Abneigung gegen bestimmte Berufe und damit auch Klassen reflektierte ich damals noch nicht – wie auch.

Mit Beginn des Studiums ließ ich den Job in der Bäckerei sausen und schnell auch meine erste Studienfachkombination. Nachdem ein Professor uns einschärfte, dass unser Studienfach uns wahrscheinlich in die Arbeitslosigkeit führen würde, wechselte ich in die Soziologie, weil ich mich erinnerte, in der Schule ganz gerne im SoWi- und PoWi-Unterricht mitgemacht zu haben. Außerdem erzählte mir einmal eine Kommilitonin beim Kaffeetrinken von einem spannenden Seminar in ihrem Nebenfach Soziologie: »Da geht es darum, wie Jungen zu Jungen werden und Mädchen zu Mädchen.« Das reichte völlig aus, um mich zu überzeugen. Mehr Orientierungskompetenzen besaß ich nämlich nicht – die wurden mir weder in der Schule noch zu Hause vermittelt. Wenn man Glück hatte, hatte man aufgrund seines Umfelds oder ein paar popkulturellen Einflüssen ein paar Berufe auf dem Schirm, die für einen infrage kamen. In den 1990er-Jahren hatten ein paar John-Grisham-Filme Hochkonjunktur, und die mache ich mit dafür verantwortlich, dass unser Abi-Jahrgang verdächtig viele Jurist_innen produzierte.

Ich wohnte nach wie vor zu Hause, erledigte meine Pflichten im Haushalt, ging einem Job bei der Zeitung nach und trat mein Soziologie-Studium an. Bis hierhin lief alles noch ganz gut und gemütlich. Im zweiten Semester verliebte ich mich dann in meinen Kommilitonen E., den ich ein paar Monate später heiraten würde. Darüber waren meine Eltern null begeistert, es kam zu einem fetten Streit – und ich zog aus. Ich verließ an einem Sonntagmorgen im November früh mein Elternhaus, warf meinen Schlüssel in den Briefkasten und zog zu E. in sein Studentenwohnheimzimmer. Als ich ging, hatte ich noch die Hoffnung, dass sich die Wogen bald glätten würden. Doch es kam zu einem dauerhaften schmerzlichen Zerwürfnis mit Jahren der radikalen Funkstille. Heute kann ich gar nicht mehr so genau sagen, welche Faktoren in ihrer Summe zu diesem heftigen Bruch führten, und auch meinen Eltern kam es Jahre später, nachdem wir uns wieder angenähert hatten, absolut sonderbar vor, dass wir uns so heftig zerstritten hatten. Aber damals, als ich auszog, half das alles nichts. Das Kind war in den Brunnen gefallen, wie man so schön sagt.

»Aber was willst du machen, wenn deine Eltern dich nicht weiter unterstützen?«, fragte mich mein zukünftiger Ehemann, als wir an besagtem Novembermorgen in seinem kleinen Wohnheimzimmer Tee tranken. »Ich gehe einfach arbeiten«, zuckte ich mit den Achseln. Ich war mit zwei Taschen bei ihm aufgetaucht, hatte noch ein paar hundert Mark von meinem Zeitungsjob auf dem Konto und war überzeugt, dass es so schwierig nicht sein könnte, neben dem Studium seinen Lebensunterhalt zu verdienen.

Ich zog los, besorgte mir für ein paar Monate einen Job in einem Kinder- und Jugendzentrum, das eine pädagogische Begleitung für die Produktion einer Radiosendung für den Bürgerfunk gesucht hatte, und machte nach Ende des Projekts alle Jobs, die irgendwie Geld einbrachten. Nach Feierabend oder einem Tag an der Uni putzte ich wie wild, kochte und inszenierte das, was ich für ein erquickliches Pärchenleben hielt. Und so kam es dann, dass ich kurz nach meinem 21. Geburtstag in Jeans und Turnschuhen mit E. zum Standesamt stapfte und wir einen Zettel unterschrieben – und zack, waren wir verheiratet. Ich kam mir rebellisch und verwegen vor, so jung und ohne besonderen Grund zu heiraten, und zur Jeans- und Turnschuh-Hochzeit, die wir zu zweit ohne Gäste abhielten, hatte mich ein Artikel über Uma Thurman und Ethan Hawke inspiriert, die im selben Style in ein Standesamt in den USA marschiert waren.

Meine neue Rolle als Jungehefrau, der Streit mit meinen Eltern und mein Ehrgeiz, es trotz aller äußerer Widrigkeiten »alleine« schaffen zu wollen, sorgten dafür, dass ich mich direkt im Anschluss an das »Ausgleichskind« in der Rolle der perfekten Funktioniererin einfand. Die spielte ich so erfolgreich durch, dass ich gar nicht merkte, wie sich mein Belastungspegel irgendwo zwischen permanenter Überforderung und Co-Abhängigkeit einpendelte.

Ich schuftete, als wir kurz nach der Hochzeit in unsere erste richtige Wohnung zogen, Vollzeit in einer Fabrik, während ich mich ansonsten ums Tapezieren,

Streichen und Einrichten der Zimmer kümmerte. Als zum Ende der Semesterferien alles fertig war, suchte ich mir einen Job in einem Callcenter, den ich fast bis zum Ende meines Studiums durchziehen sollte.

Außerdem mutierte ich über die Jahre zur Multijobberin: Ich begann, in einer Grundschule Flötenunterricht zu geben, führte in einem anderen Callcenter Marktforschungsinterviews durch und schrieb ab und zu Artikel für ein Städtemagazin. Jeder Cent, den ich verdiente, wanderte in die gemeinsame »Familienkasse«. Ich bekam inzwischen mein Kindergeld ausgezahlt, ansonsten aber nach wie vor keine finanzielle Unterstützung von meinen Eltern. BAföG-berechtigt war ich als Gutverdiener-Tochter nicht, eine Unterhaltsklage vor dem Familiengericht konnte ich mir auch nicht vorstellen. Finanziell gesehen stand ich unter extremem Druck. Als ich mich einmal in einer universitären Beratungsstelle informierte, wie ich dennoch mein Studium weiterführen könnte, wurde mir geraten, es einfach abzubrechen. Das kam für mich aber selbstverständlich nicht infrage, lieber würde ich mir noch fünf andere Jobs suchen.

Ich arbeitete meistens montags bis samstags, ging zu meinen Seminaren in die Uni, lernte abends und schrieb meine Referate und Hausarbeiten am Wochenende. An den meisten Tagen war ich so gestresst, dass ich direkt mit einem zuckenden Auge aufwachte und erst mal überlegen musste, zu welchem Job oder in welches Seminar ich zuerst musste. Sonntags lag ich den halben Tag im Bett oder vor dem Fernseher, las, sah Fernsehen, aß Studentenfutter und trank Orangensaft – die einzigen Luxus-Snacks, die wir uns leisten konnten. Natürlich hatte ich ein schlechtes Gewissen, weil ich fand, dass ich eigentlich noch mehr für die Uni tun sollte. Die kam in meinem abenteuerlichen Alltag meistens zu kurz.

Trotz allem fühlte ich mich – zumindest an der Oberfläche – meistens gut. Ich war stolz darauf, so viel zu arbeiten und auf die Reihe zu kriegen. Keine Herausforderung schien mir zu groß. Extrageld für die Stromnachzahlung organisieren? Kein Problem, ich suche mir einfach noch einen Job! Kein Geld mehr am Ende des Monats? Macht nichts, ich habe genug Notfallrezepte parat, mit denen sich auch aus praktisch nichts etwas zusammenzaubern lässt! Ich sah zu, dass ich immer gut aussah und die Wohnung glänzte, damit ja niemand auf den Trichter kam, wie hart mein Leben eigentlich war. Ich trug nämlich trotz meines Overachiever-Selbstbewusstseins ein großes Paket mit negativen Gefühlen mit mir herum: Scham.

Ich war tunlichst darauf erpicht, nicht durchdringen zu lassen, dass meine Eltern mich nicht unterstützten und dass ich meinen Partner oft eher als einen Klotz am Bein empfand. Freund_innen, Kommiliton_innen, Arbeitskolleg_innen, Professor_innen, über Jahre wusste niemand, in welcher Mühle ich mich bewegte. Ich war einfach eine fleißige Studentin, die einen merkwürdigen Faible für viele Jobs hatte.

»Wieso arbeitest du eigentlich immer so viel?«, fragte mich eine gute Freundin einmal, als ich unseren gemeinsamen Mensagang abrupt unterbrechen musste, um zu meinem nächsten Nebenjob zu düsen. »Ach«, sagte ich, »ich finde, das ist ein ganz guter Ausgleich zum Studium. Und Geld verdienen ist auch nicht schlecht!«

Aber natürlich waren meine Jobs überhaupt gar kein Ausgleich, sondern einfach nur schlecht bezahlte Zeitfresser. Und natürlich war das Geld, das ich verdiente, übelst schlecht. Was soll man als ungelernte Kraft in Teilzeit auch schon verdienen? Über die Jahre brachte ich meistens zwischen 800 und 1000 Euro im Monat nach Hause, was für eine Studentin schon ganz beachtlich ist und für mich allein wahrscheinlich auch ganz prima gewesen wäre. Aber: Ich war eben nicht alleine.

Mit meinen Eltern vertrug ich mich nach insgesamt sieben Jahren sehr belastender Funkstille kurz nach der Abgabe meiner Diplomarbeit, aber in einer Mischung aus falschem Stolz und post-jugendlicher Gehirnschmelze täuschte ich ihnen noch lange Zeit glanzvolle Verhältnisse vor. Auf keinen Fall wollte ich sie um Geld bitten, dafür hatte ich es meiner Meinung nach zu viele Jahre zu gut allein geschafft. Mit 27 Jahren war ich tatsächlich noch in der Scheinwelt unterwegs, in der ich dachte, ich könnte alles schaffen, wenn ich nur will. Also tat ich, was ich für richtig hielt: Ich trat einen ersten schlecht bezahlten Job an, und präsentierte ihn als den Hauptgewinn schlechthin.

Wenn ich den Begriff damals schon gekannt hätte, hätte ich mich vielleicht für einen Girlboss gehalten. Schließlich war ich nur ein paar Jahre zuvor mit ein paar hundert Euro auf dem Konto und zwei Taschen losgezogen, um mir eine komplett eigene Existenz aufzubauen, richtig? Ich fühlte mich *selfmade,* und an manchen Tagen ging ich durch die Wohnung und machte mir bewusst, dass ich mir alles selbst aufgebaut hatte.

Das war ein gutes Gefühl, weil es mir Kontrolle, Macht und Selbstwirksamkeit vorgaukelte. Trotzdem bewahrte mich irgendetwas davor, in die Falle zu treten, tatsächlich zu glauben, ich hätte alles ganz allein und unabhängig von äußeren Umständen geschafft. Denn so war es ja auch nicht: Kulturelles Kapital hatte mich an die Universität gehievt. Bildungsbürgerliche Narrative, die ich verinnerlicht hatte, konnte ich als Joker-Karte in jedem beliebigen Setting zücken. In den Sprechstunden und Seminaren meiner Professor_innen war ich nicht die gebeutelte und hart arbeitende Studentin am Rande des Existenzminimums, sondern immer noch die Arzttochter, die belesen war und jahrelang gymnasiales Anpassungstraining absolviert hatte.

Trotzdem machten sich ich die Grenzen meiner Bemühungen bemerkbar: Urlaube, interessante Praktika geschweige denn Auslandssemester waren während meiner universitären Ausbildung nicht drin. Ich musste immerzu arbeiten, um unseren Lebensstil zu finanzieren, der eigentlich ein Überlebensstil war. Und solange ich in der Mühle aus Multi-Jobberei und Universität gefangen war, hatte ich gar keine Zeit, über mein Leben und meine private Situation nachzudenken – ich war froh, wenn mir abends noch einfiel, auf welchen Sendern meine Lieblingsfernsehprogramme liefen.

Das änderte sich, als ich nach dem Studium geregelte Arbeitszeiten und freie Wochenenden hatte. Auf einmal hatte ich mehr Zeit, und zum ersten Mal seit Jahren konnte ich klar denken. Dass ich mich außerdem wieder meinen Eltern angenähert hatte, setzte weitere Kapazitäten in mir frei, und mir wurde bewusst, dass ich mich von meinem Ehemann trennen wollte. Es war gar nicht so einfach, dieses Vorhaben umzusetzen.

Mittlerweile verdiente ich zwar mehr Geld, hatte aber auch noch einen Studienkredit abzustottern und keinerlei Ersparnisse für die Kosten einer Scheidung. Ich war zwar finanziell nicht von meinem Mann abhängig, aber nicht Shakira, versteht ihr? Als ich endlich wieder Singlefrau war – gut, zwar noch nicht auf dem Papier, aber in der Praxis – hatte ich einen Elan, wie ich ihn lange nicht verspürt hatte. Und ich hatte einen Plan: Ich wollte mich endlich richtig ausruhen und wieder zu mir selbst finden.

In meinen jungen Jahren, in denen ich als Teil einer Großfamilie, durch meine vielen Jobs und in meiner Ehe oft mich selbst aus dem Fokus verloren hatte, hatte ich einen regelrechten Trotz entwickelt: Ich wollte einfach nur ich selbst sein – am besten mit mir selbst, zu Hause, mit meinen eigenen Gedanken, vielleicht noch mit Freund_innen. Dafür brauchte ich vor allem Luft. Ich bastelte mir einen eigenen Lebensentwurf, der nichts mit Karrierewünschen zu tun hatte, sondern mit meinen Interessen. Und vorher sah ich zu, dass ich die Wohnung in ein pinkes Girlie-Paradies verwandelte – mit rosa Sofa und Blümchenlampenschirmen. Das kann man hedonistisch nennen – oder einen Überlebensplan.

Mit 30, nach meiner Scheidung, griff ich nach dem, was mir gefühlt jahrelang durch die Lappen gegangen war. Ich holte quasi meine Jugend nach und experimentierte in den Folgejahren mit allen Formen der Erholung: Schlafen, Meditation und, als es ein paar Jahre später in Mode kam, ASMR. Meine Jobs betrachtete ich nur als Mittel zum Zweck: Sie sollten einen gelungenen Feierabend möglich machen. Und der hatte bei mir vor allem mit Ruhe zu tun. Mein Körper hatte zehn Jahre Dauererschöpfung hinter sich, und ich war zumindest theoretisch bereit, jede Minute an Schlaf, die ich verpasst hatte, nachzuholen – möglichst ohne schlechtes Gewissen. Das klappte nicht immer, aber ich machte minikleine Fortschritte. Ich mache sie noch immer.

Insgesamt fand ich, dass ich mich dem Kapitalismus schon im übermäßigen Maße zur Verfügung gestellt hatte – das Maß war zwar noch nicht komplett voll, aber fast. Ich begann zu verstehen, dass mein Körper mir etwas Wichtiges mitteilen wollte, wenn er einen gewissen Zustand der Entspannung einfach der Produktivitätsrobotik vorzog. Und ich glaube, dass es insgesamt wichtig ist, sich bewusst immer öfter mal aus den Anforderungen auszuklinken, die einem von außen angetragen werden, und auf die eigenen

Bedürfnisse zu hören. Das Bedürfnis nach Ruhe und ein Gefühl von Erschöpfung wird manchmal erst begreifbar, wenn man sich die Zeit und den Raum nimmt, darauf zu achten. Wir selbst können sie gar nicht immer so klar mit äußeren Faktoren zusammenbringen. Jetzt, wo ich meine Geschichte noch mal chronologisch aufgeschrieben sehe, scheint es schmerzlich offensichtlich, warum ich Jahre der Ruhe nachzuholen habe. Aber ich sage euch, als ich drinsteckte, habe ich gar nicht gemerkt, was für ein erschöpfendes Leben ich führte. Also tut mir den Gefallen: einfach mal »nichts tun« – so wie es auch die Autorin Jenny Odell in ihrem gleichnamigen Bestseller[50] vorschlägt.

Privileg Arbeit?

Meine erste Stelle als Soziologin war in der »Erwachsenenbildung« angesiedelt, bestand aber im Großen und Ganzen daraus, Menschen, die erwerbslos waren, solange in »Maßnahmen« zu stecken, bis sie wieder dem Arbeitsmarkt zugeführt wurden. Kurzum: Ich war beim »Feind« gelandet – in einem Geschäftsfeld, das Menschen vor allen Dingen als Humankapital betrachtet, das auf dem schnellsten Wege wieder ins Arbeitsleben befördert werden muss. Als ich die erste Woche im Job hinter mir hatte und noch dabei war, die Unterschiede zwischen Sozialgesetzbuch (SGB) II und III zu verinnerlichen, schrieben mir entnervt ehemalige Kommiliton_innen – damals noch auf ganz altmodische Weise per E-Mail, SMS oder StudiVZ.

»Ich wurde in so eine Maßnahme zum Bewerbungen schreiben geschickt«, jammerte eine Studienkollegin, die kurz zuvor noch mit mir auf der Abschlussfeier unseres Soziologen-Jahrgangs Sekt getrunken hatte. Sie hatte sich, direkt nachdem sie sich exmatrikuliert hatte, beim Jobcenter gemeldet, um vorübergehend Arbeitslosengeld II zu beziehen, bis sie einen Job gefunden hatte. »Und was machst du jetzt?«, schickte sie mir hinterher. »Ich bin in so einem Laden gelandet, der genau diese Art von Maßnahmen durchführt«, antwortete ich mit gemischten Gefühlen. Einerseits war ich peinlich berührt, dass ich irgendwie auf der »bösen« Seite gelandet war. Andererseits war ich aber auch froh, dass ich selbst nicht in einer solchen Maßnahme gelandet war – vor allem jetzt, wo ich bis ins Detail miterleben konnte, was das bedeutete.

Mir wurde eine Jugendmaßnahme mit zwanzig jungen Erwachsenen zugeteilt, von denen die meisten in eine Ausbildung vermittelt werden wollten und sollten. Die Rollen schienen mir sehr willkürlich verteilt: Ich sollte vorne stehen und unterrichten und beraten, weil ich den richtigen Abschluss und vor allem den zum Job gehörigen Vertrag unterzeichnet hatte. Dabei hatte ich in meinem Leben wahrscheinlich weniger Bewerbungen geschrieben als die meisten Anwesenden im Unterrichtsraum. Ich war auch nicht einmal viel älter als manche meiner Teilnehmenden. Trotzdem sollte ich ihnen beibringen, wie der Hase läuft. Absurd.

Ich verstand schnell, dass die meisten der jungen Frauen und Männer in meinem Kurs nicht aus Lustlosigkeit oder Doofheit erwerbs- beziehungsweise ausbildungslos waren. Wir befanden uns in einer Zeit (2007), in der die Jugendarbeitslosigkeit noch ziemlich hoch war, und man schnell weg vom Fenster war, wenn man nicht die richtige Bildungsbiografie oder soziale Herkunft mitbrachte.

In dem »Kursformat«, das ich anführte, sollten die Teilnehmenden Stellen suchen und Bewerbungen schreiben – von acht bis 15 Uhr, an fünf Tagen die Woche. Zwischendurch gab es Unterricht, in EDV, Mathe und Wirtschafts- sowie Sozialkunde. Ich merkte schnell, wie unsinnig das ganze Konzept war – vor allem, nachdem die Teilnehmenden mir glaubhaft zurückmeldeten, dass sie alle seit Wochen immer wieder dieselben fünf bis zehn Stellen aus dem Internet fischten.

Trotzdem war ich darauf angewiesen, dass die Teilnehmenden regelmäßig zur Maßnahme erschienen, weil ich es vermeiden wollte, sogenannte »Abmahnungen« zu schreiben. »Wer zu oft abgemahnt wird und unter 25 Jahre alt ist«, hatte mir die Standortleiterin vorher erklärt, »der kann vom Jobcenter eine 100%-Kürzung bekommen.«

Ich war baff: »Das heißt, die bekommen dann gar kein Geld?«

»Ja.«

Ich war schockiert. Aus dieser Nummer musste ich irgendwie raus, und so tat ich, was mir am sinnvollsten erschien: Ich kreierte eine Komfortzone – für mich und für die Teilnehmenden. Ich verbot vergnügliche Aktivitäten am Computer nicht, solange sie nicht strafbar waren, sondern förderte sie sogar. Bubble Shooter spielen, auf Webseiten South-Park-Avatare kreieren, endloses Daddeln auf StudiVZ: Das alles war in meinem Kurs ausdrücklich erlaubt. Außerdem setzte ich Ausflüge auf den »Lehrplan« und veranstaltete, wann immer es möglich war, Film-Vormittage. Wenn ab und zu noch jemand eine Bewerbung schrieb oder ein Praktikum absolvierte – perfekt. Die Teilnehmenden willigten ein. Die Alternative wäre Frontalunterricht gewesen, durchgeführt von mir. Das wollten wir alle unbedingt vermeiden.

Mein »Konzept« zahlte sich aus: Ich erzielte am Standort eine der stabilsten Präsenzquoten aller Zeiten, und auch meine Vermittlungsquoten waren überdurchschnittlich. Wer sich bei mir ausruhen konnte, war danach anscheinend fit genug für den Job – Win-win für alle! Das Jobcenter war begeistert und schickte mir immer mehr Jugendliche, auch richtig harte Brocken. Ich war anscheinend prädestiniert dafür, geschützte Räume herzustellen, meldete man mir zurück, möglichst angenehme Tagesabläufe zu gestalten, die für junge Menschen annehmbar waren. Und ich wusste: Am Ende des Tages war es nicht unbedingt meine Sorgsam- und Freundlichkeit, die bei den Teilnehmer_innen gut ankam, sondern vor allem die sehr stabile Internetverbindung des Bildungsträgers.

»Warum sind Sie immer so nett?«, fragte mich einmal ein junger Mann, als mein einziger Kommentar zu seinem chronischen Zuspätkommen die Bitte war, auf der täglichen Anwesenheitsliste zu unterschreiben. »Weil ich weiß, dass du nicht schuld daran bist, dass du in diese Maßnahme gesteckt wurdest«, sagte ich. Denn eins hatte ich bereits verstanden: Wer bei 100 Bewerbungen immer noch eine Absage nach der nächsten kassierte, aber trotzdem weitermachte, der war nicht faul, sondern ein richtiges Stehaufmännchen.

Mein Job war trotzdem anstrengend und unterbezahlt, aber irgendwie hielt mich die Vorstellung bei der Stange, dass ich der Menschheit – und vor allem der Jugend – einen zwar diffusen, aber dennoch noblen Dienst erwies. Ich blieb ein paar Jahre beim Bildungsträger und lernte viel über »Erfolg«: Vor allem, dass richtiger Erfolg in den meisten Fällen nur einer erlesenen Personengruppe zugänglich war. Ich betreute angehende Verkäufer_innen, Busfahrer_innen, Produktionshelfer_innen, und ein paar schickte ich los, um den Schulabschluss nachzuholen. Bei mir landeten diejenigen, die besonders gefährdet waren, arbeitslos und/oder arm zu werden: alleinerziehende junge Frauen. Junge Menschen ohne Schulabschluss. Menschen mit Behinderung. Menschen mit Migrationshintergrund. Kinder von Hartz-IV-Empfänger_innen. Absolvent_innen einer Förderschule. Geflüchtete mit unsicherem Aufenthaltsstatus.

Und ich erlebte einige besondere Phasen der deutschen Arbeitsmarktgeschichte. Die Finanzkrise 2008 bescherte uns Kurzarbeit, 2012 kam eine Arbeitsmarktreform, die sich offen dafür aussprach, Personen, die aufgrund von Krankheit, Behinderung oder Alters besonders »schwer vermittelbar« waren, einfach links liegen zu lassen, und ab 2015 wurden Geflüchtete zum großen Thema. Sie füllten bei Unternehmen die Stellen und Ausbildungsplätze auf, die ansonsten wahrscheinlich unbesetzt geblieben wären. Auch der Fachkräftemangel machte sich in meinem Tagesgeschäft bemerkbar.

Vor ein paar Jahren verließ ich das Bildungsträgerbusiness und wechselte in die Jugendberufshilfe. Mein Tätigkeitsbereich blieb ähnlich: Ich unterstützte weiter bei der Berufsorientierung und bei den Prozessen, die sich im Übergang von der Schule in den Beruf ergeben. Jugendliche, die mehr als 100 Bewerbungen schreiben mussten, saßen ab ungefähr 2015 nicht mehr an meinem Schreibtisch – zum Glück. Die Benachteiligung von Jugendlichen, die nicht zur Gewinnerliga der Gesellschaft gehörten, nahm zwar aufgrund des Fachkräftemangels ab, wurde aber nie komplett überwunden.

Ende 2017 telefonierte ich mit einem Arbeitgeber, einem Umzugsunternehmer. Er war dazu übergegangen, seine Ausbildungsplätze fast ausschließlich an Geflüchtete zu vergeben. Denn er wusste, wie wichtig für junge Geflüchtete, deren Asylantrag abgelehnt wurde, die »Ausbildungsduldung« war, da sie zu einem längeren Bleiberecht führte. Er beklagte sich, dass manche Firmen noch immer »wählerisch« – aka rassistisch – bei ihrer Bewerber_innenauswahl verfuhren. »Ich sage dazu nur eins: Man passt sich der Realität an, oder man kann mit solchen Ansichten unternehmerisch sterben«, fasste er seinen Unmut laut zusammen. Ich pflichtete ihm bei.

Denn auch wenn der Arbeitsmarkt in den letzten Jahren unfassbar aufnahmefähig gewesen ist, war die Teilhabe derselben Personengruppen noch immer systematisch eingeschränkt, und sie saßen an meinem Beratungstisch. Ich lernte: Rassismus, Ableismus und Sexismus sind stärker als Kapitalismus. Der Markt regelt eben nicht alles – er kann es wahrscheinlich auch gar nicht wollen, da nur so die hierarchischen Verhältnisse aufrechterhalten werden können. Ich hatte immer wieder zu tun mit Menschen, denen ein Arbeits- oder Ausbildungsverbot aufgelegt wurde; zum Beispiel, weil sie ihre Identität nicht umfassend klären konnten, weil sie keinen Pass aus dem Herkunftsland bei der Ausländerbehörde vorlegen konnten.

Dass es auch anders geht, zeigte sich 2022, als Menschen aus der Ukraine im Zuge des russischen Angriffskriegs nach Deutschland flüchten mussten. In Nullkommanix war es möglich, sich politisch für einen sicheren Aufenthaltsstatus und damit verbundene Privilegien für diese Gruppe zu entscheiden. Ich hingegen war immer noch damit beschäftigt, Qualifizierungsangebote für Menschen mit Duldung und Aufenthaltsgestattung zu suchen – und davon gab es nicht viele. Ein Irrsinn, wenn man bedenkt, dass viele dieser Personen lange oder für immer in Deutschland bleiben werden, und wenn man bedenkt, in welch desolatem Zustand sich die Personalakquise-Situation vieler Unternehmen derzeit befindet. Menschen per Gesetz nicht zu qualifizieren oder zu beschäftigen ist ein Luxus, den wir uns als Gesellschaft eigentlich gar nicht mehr leisten können – und dennoch tun wir es, weil institutioneller Rassismus es so vorsieht.

Dennoch profitieren mittlerweile auch diejenigen Kandidat_innen, die ich noch heute berate, vom Fachkräftemangel. Manche bekommen Chancen, die sie ein paar Jahre zuvor nie im Leben ergattert hätten. Eine Ausbildung in einem höherwertigen kaufmännischen Beruf ist jetzt auch möglich, wenn man keine Hochschulreife oder perfekte Englischkenntnisse vorweist. Das war nicht immer so. Aber auch wenn sich die Chancen für viele verbessert haben, würde ich mir unfassbar drollig vorkommen, wenn ich im Rahmen meiner Tätigkeit etwas von »Lean In« oder »Führungsetagen« erzählte. Für mich vollzieht sich gesellschaftlicher Wandel am Arbeitsmarkt dort, wo Leute arbeiten, die vor ein paar Jahren im öffentlichen Bereich noch nicht sichtbar gewesen wären. Zum Beispiel Frauen, die einen Hijab tragen und heute viel mehr Möglichkeiten bei der Arbeitsplatzsuche haben. Oder neu zugewanderte Jugendliche, die im öffentlichen Dienst eine Ausbildung beginnen, obwohl sie keine Bildungsinländer_innen sind. Arbeitsbedingungen nicht nur für die Upperclass zu verbessern, sondern für diejenigen, die das Rückgrat unserer Gesellschaft bilden, sollten dabei an erster Stelle stehen:

bessere Löhne, bessere Arbeitsbedingungen und mehr Chancen für alle.

Die Idee, dass jede_r, der_die es schaffen will, es auch kann, wenn er_sie nur will, ist für mich Ausdruck einer neoliberalen Kälte, die ich mir im Laufe der Jahre abgewöhnt habe. Einerseits mache ich meine soziologische Ausbildung dafür verantwortlich, in der ich gelernt habe, dass soziale Ungleichheit nicht auf das Versagen von Individuen zurückgeführt werden sollte, sondern im Zusammenhang mit sozialstrukturellen Gegebenheiten steht. Andererseits habe ich zu viel von den Menschen gelernt, die ich im Laufe meiner beruflichen Laufbahn beraten habe. Das, was wir über »Karrieren«™ zu wissen meinen, sind meist bürgerliche Ideen, die für andere Personen mit bürgerlichem Background kreiert wurden. Und ungefähr genauso wurde meiner Meinung nach unser Bildungssystem von bürgerlichen Bildungsinländer_innen designt – und zwar für andere bürgerliche Bildungsinländer_innen.

Meine Arbeitsplätze der letzten Jahre sind oft Räume gewesen, in denen Begegnungen mit anderen Menschen eine wichtige Rolle eingenommen haben. Meine Arbeit ist sinnvoll und gut zu bewältigen. Die Arbeitsatmosphäre ist angenehm, und ich habe viele

Freiräume bei der Gestaltung meiner Arbeit. Ich schlafe nachts gut, weil ich weiß, was ich tagsüber geleistet habe. Und ich bin mir meiner Privilegien sehr bewusst, denn ich sehe jeden Tag, dass es auch anders geht.

Aber natürlich gehe ich damit auch ein bisschen in der »Labor of Love«-Falle auf, denn auch ich habe mich schon in Arbeitsverhältnissen, die im Bereich sozialer Arbeit angesiedelt sind, schlichtweg ausbeuten lassen. Und dennoch: Wenn ich in diesem System sowieso dazu verdonnert war, etwas für Geld tun zu müssen – dann wollte ich wenigstens in einem Bereich aktiv sein, der mir sinnvoll erschien. Ich mochte meine Arbeitsbedingungen vielleicht manchmal nicht, weil sie zu formal, zu trocken, zu bürokratisch waren – aber ich mochte die jungen Leute, mit denen ich zu tun hatte. Viele von ihnen treffe ich bis heute in der Stadt: Beim Rossmann hinter der Kasse, in der Busfahrerkabine, im Handy-Shop. Einige habe ich zum Studieren geschickt, anderen schicke ich heute Praktikant_innen, wenn sie in einer Entscheider-Position gelandet sind. »Du weißt ja, eine Hand wäscht die andere«, betone ich dann am Telefon, wenn ich einen ehemaligen Teilnehmer, der heute zum Beispiel irgendwo als Filialleiter arbeitet, bitte, einen meiner Zöglinge unter seine Fittiche zu nehmen. Und tatsächlich habe ich mehrere junge Leute begleitet, die heute direkt oder indirekt meine Kolleg_innen sind.

Das alles hört sich wie ein schönes Job-Happy-End an, nahezu so, als wäre ich meine eigene Lorelai Gilmore in meinem eigenen Stars-Hollow-Arbeitsmikrokosmos. Aber das ist Quatsch: Hand aufs Herz, auch ich bin eine Handlangerin des Kapitalismus, was angesichts des Untertitels dieses Buches geradezu unverschämt herüberkommen muss. Ja, auch ich bin schuldig. Es gibt kein richtiges System im falschen – und das kann man einfach mal so anerkennen.

Ich kann ohne Übertreibung sagen, dass ich während meines Studiums mit großer Sicherheit mehr gearbeitet habe als die meisten meiner Kommiliton_innen – aber so angefühlt, als ob es sich irgendwann richtig auszahlen würde, hat es sich damals nicht. Klar, ich sammelte Berufserfahrung, empfand so etwas wie »Selbstwirksamkeit« und schaffte ausbildungstechnisch zumindest das meiste von dem, was ich mir vornahm. Das Wichtigste aber war, dass ich mit Lebenswelten in Berührung kam, die ich sonst nie kennengelernt hätte. Ich lebte gewissermaßen in zwei Welten: in meiner Malocher_innen-Bubble und in meinem Uni-Kosmos. Auch in meinen diversen Arbeitssettings hatte ich Kolleg_innen, die genau wie ich Student_innen waren. Aber ich konnte mit ihnen nicht so sehr relaten, auch weil sie die meisten der Jobs, denen ich so nachging, relativ schnell in Richtung besserer Betätigungsfelder verließen. Meist fand ich mich in einer Langzeitkolleg_innenschaft mit jenen Beschäftigten wieder, die zu einem Niedriglöhner_innen-Dasein für lange Zeit oder immer verdonnert waren. Mir war klar, dass meine Aufenthalte in jenen Jobs befristet waren – ich lernte aber viele kennen, bei denen das nicht der Fall war. Ich hatte Kolleg_innen, die nach der Schicht in der Bäckerei übrig gebliebene Backwaren für ihre Kinder mit nach Hause nahmen, und im Callcenter Sitznachbarn, die sich in der Monatsmitte regelmäßig einen Vorschuss abholen mussten, da sie buchstäblich keinen Fitzel Geld mehr in der Tasche hatten, um im Supermarkt einkaufen zu gehen. Sie wurden – genau wie ich – scheiße bezahlt für Jobs, die auf jeden Fall relevant waren, und einen Mindestlohn gab es damals auch nicht. Wir alle wissen, wie ätzend es wäre, wenn ab morgen keine Backwaren mehr verkauft würden oder unter der Servicenummer unseres Mobilfunkanbieters niemand mehr zu erreichen wäre, wenn wir eine wichtige Frage hätten.

Und hier kommen wir auch zum Problem, das Girlboss-Vertreter_innen und generell neoliberale Feminist_innen haben: Ihre Lebensphilosophie richtet sich an einen exklusiven Club, der normale und durchschnittliche und natürlich auch marginalisierte Existenzen gar nicht auf dem Schirm hat. »Sisterhood« existiert in diesem Projektdenken nicht. Es ist ultimatives Selbstinteresse, das den Ton angibt.

Girlunions statt Girlboss-Gehabe

Neoliberaler Feminismus ist die Geburtsstätte der Girlboss-Bewegung gewesen: die logische Fortführung einer Gewinnerinnen-Idee, die vor allem weiße, privilegierte Frauen begeistern kann, die kapitalistische Zusammenhänge nicht als Zwang, sondern als Chance begreifen. Die wahr gewordenen Gewinnerinnen-Märchen von Selfmade-Frauen gibt es ja auch, aber selten profitieren andere davon. Beim Triumph eines Girlbosses gibt es nur eine Siegerin: die Girlboss-Frau, die es geschafft hat.

Ein komplexes Girlboss-Beispiel ist die aus Eschweiler stammende Hochstaplerin Anna »Delvey« Sorokin, die im Frühjahr 2018 weltweit für Schlagzeilen sorgte, als bekannt wurde, dass sie sich in New York jahrelang als reiche Erbin ausgab und sich so Zugang zur wohlhabenden Gesellschaft der Stadt verschaffte. Ihren dadurch gewonnenen Status nutzte sie, um Hotels, Geschäftsleute, Banken und

Freund_innen um insgesamt 275.000 Dollar zu betrügen[51].

Die Geschichte von Anna ist der Inbegriff einer Selfmade-Erfolgsgeschichte: Sich in Kreise hineinzutricksen, um abzukassieren, und auf Basis einer Lüge einen Millionenbetrieb – nämlich eine Kunststiftung namens »Anna Delvey Foundation« – gründen zu wollen, ist auf jeden Fall wild. Dann geschnappt und zu einer Gefängnisstrafe verurteilt zu werden, einzusitzen und zurück in der Freiheit als Medienstar mit eigener Netflix-Serie (*Inventing Anna*) Karriere zu machen, ist noch wilder.

Anna ist nicht gescheitert – sondern durch und durch Entrepreneurin, die bis heute Gewinn abwirft und sich auch durch Fallstricke wie einen Knastaufenthalt nicht hat bremsen lassen. Aber wer ist Anna Delvey eigentlich? Eine gemeine Lügnerin? Eine clevere Opportunistin? Eine ambitionierte Selfmade-Frau wie aus dem Bilderbuch? Auf jeden Fall ist sie jemand, für den Selbstinteresse immer im Vordergrund steht – egal, was sie tut, Dreh- und Angelpunkt ist immer das, was der von ihr kuratierten Kunstfigur »Anna Delvey« Profit einbringt. Und obwohl sie wegen ihrer Betrügerinnen-Jahre bekannt war für ihre Großzügigkeit gegenüber Freund_innen und Hotelangestellten, kann man eins festhalten: Echte Sisterhood gab es in den Hochphasen des Delvey-Schwindels nicht.

Was aber den Fall Anna Delvey so interessant machte, war der Sachverhalt, dass mit ihrem Auffliegen nicht nur sie selbst, sondern auch das gut betuchte Setting, in dem sie ihr Unwesen trieb, in den Fokus rückte. Dass reiche Leute anderen trauen, nur weil sie denken, dass diese genau so reich oder sogar noch reicher sind, erschien gleichzeitig hohl und einleuchtend, dass Anna von manchen gewissermaßen als weiblicher Robin Hood gefeiert wurde: eine, die das Geld der Reichen einsackte. Allerdings reichte sie das Geld nicht an arme Menschen weiter. Anna ist das Nonplusultra-Langzeitbeispiel eines individualistischen Projektes, in dem es nur darum geht, den eigenen Marktwert in die Höhe zu treiben. Es geht nicht um Solidarität oder politische Zusammenschlüsse, die die Welt für andere (Frauen) verbessern könnten. Und dass harte Arbeit allein ausreicht, um sich nach ganz oben zu kämpfen, ist durch die Delvey-Story auch widerlegt: Es waren die Kontakte, sozusagen das soziale Kapital, das ihr auf ihrem vermeintlichen Weg »nach oben« half – bis ihr Spuk aufflog. Mit Sicherheit war ihr Scam auch mit einem Haufen Arbeit verbunden – aber dieser war es ja am Ende auch, der sie ins Gefängnis verfrachtete.

Die Anna-Delvey-Performance ist sozusagen eine

Real-Life-Satire auf sämtliche Girlbosse, weswegen es für viele auch immer noch so faszinierend ist, dem aktuellen Treiben der jungen Eschweilerin zu folgen. Nach ihrer Tour de Farce ist sie noch erfolgreicher und berühmter als zu ihrer Hochstaplerinnen-Glanzzeit im Jahr 2016. Anna zeigte, dass man für eine Weile in der Welt der Schönen und Reichen mitspielen konnte, wenn man nur bereit dazu war, sich an deren Regeln zu halten. Gleichzeitig machte ihr Fall sichtbar, dass nichts an ihrem Erfolg in ihren New Yorker Jahren **real** war.

Ihre wichtigste Fähigkeit war, sich voller Selbstbewusstsein und ohne Zweifel in der Glitzerwelt zu bewegen. Sie verfügte oder simulierte genug Entitlement, um es locker mit den oberen Zehntausend aufzunehmen. Von ihr an der Nase herumgeführte Personen gaben offen zu, dass sie ihr vollständig abnahmen, eine Millionenerbin zu sein, da ihr ganzes Auftreten unfassbar überzeugend gewesen sei. Die Realität der meisten – und vor allem derjenigen, die nicht superreich und superprivilegiert sind – ist von einem Mindset der Unzulänglichkeit geprägt. Falls Anna solche Gefühle kannte, konnte sie sie perfekt verdecken und dem System so ein Schnippchen schlagen.

Der Neoliberalismus untergräbt systematisch unser

Selbstwertgefühl. Die beiden britischen Psychologen Thomas Curran und Andrew Hill stellten vor einigen Jahren fest, dass vor allem die heutige »Generation junger Menschen« »das Gefühl hat, dass andere mehr von ihnen verlangen, dass sie mehr von anderen verlangen, und dass sie mehr von sich selbst verlangen«[52]. Als »neoliberalen Perfektionismus« bezeichnen Curran und Hill das Phänomen, und führen dieses belastende Gefühl auf neoliberale Ideologien zurück, die den Konkurrenzkampf fördern, Kooperation behindern, für Ehrgeiz stehen und den Selbstwert vor allem an berufliche Erfolge koppeln. Es überrasche daher nicht, »dass sich die Menschen in Gesellschaften mit diesen Wertvorstellungen hart beurteilen und dass sie Angst davor haben, dass andere über sie urteilen könnten«[53].

Dieses Verständnis ist weniger eindimensional als die klassische psychologische Annahme, dass Perfektionismus einen ausschließlich selbstbezüglichen Charakter hat. In Curran und Hills Analyse ist er gesellschaftlich vorgegeben und führt zu »sozialer Entfremdung, neurotischer Selbstüberprüfung und Gefühlen der Scham und Wertlosigkeit«[54]. Hinzu kämen geradezu »pathologische Sorgen«, die durch den »Fokus auf eigene Schwächen und große Sensibilität für Kritik und Misserfolge« entstehen. Curran und Hill fanden heraus, dass vor allem nach 1989 geborene Personen unter dieser Form des Perfektionismus leiden. Die »Notwendigkeit des Kämpfens, Performens und Verwirklichens« stehe bei der jüngeren Generation viel mehr im Zentrum als bei ihren Vorgänger_innen. Das Bedürfnis, individuelle Anstrengungen zu verfolgen, um sich produktiv zu fühlen, gehe auf Kosten »unterhaltsamer, geselliger Aktivitäten«[55]:

> »Wenn alle Welt von einem erwartet, dass man sich bei jeder Gelegenheit beweisen muss und man den Eindruck nicht loswird, dass die Anerkennung der Altersgenossen hochgradig an Bedingungen geknüpft ist, dann erscheint es weniger wichtig, Zeit mit Freundinnen und Freunden zu verbringen.«[56]

Eine Folge dieses zunehmenden Perfektionismus seien Entsolidarisierungstendenzen. Dabei wäre Solidarität eine starke Ressource, um der neoliberalen Macht etwas entgegenzusetzen: Ohne eine gesunde Selbstwahrnehmung könne man keine festen sozialen Bindungen eingehen und ohne diese Bindungen könne man nicht in einem Ausmaß zusammenkommen, das notwendig wäre, um die politisch-ökonomische Ordnung zu ändern.

Ich selbst bin also ein bisschen zu alt für die volle Ladung des »neoliberalen Perfektionismus«. Zudem bin ich auch darüber hinaus privat auch noch in politischen Communities unterwegs, die sich eher solidarisch statt wettbewerberisch verhalten. Wahrscheinlich hat auch das dazu geführt, dass ich mit der Zeit die auch mir bekannten Gefühle der Unzulänglichkeit ein bisschen runterdrehen konnte. Dazu versuche ich mir immer wieder bewusst zu machen, dass es eins der Kernziele neoliberaler Strukturierung ist, dass ich mich schlecht fühlen soll. Das Girlboss-Mindset ist in diesem Zusammenhang für mich keine Frage des realen Erfolgs einer Person, sondern reine Haltungssache. Man kann sich selbstverständlich trotz unfassbarem Reichtum kritisch mit seinen Privilegien auseinandersetzen. Ebenso kann eine Hochstaplerin mit vorgegaukeltem Kapital wie Anna Delvey ein Girlboss-Mindset vor sich hertragen und daraus Profit schlagen.

Am Ende ist es egal, ob wir alle »dieselben 24 Stunden« haben, so wie es die damals zweiundzwanzigjährige Influencerin Molly Mae Anfang 2022 in einer sehr unrühmlichen Folge ihrer Podcastreihe[57] herausposaunte. In einem System, das darauf ausgerichtet ist, einige Gewinner_innen und viele Verlierer_innen zu produzieren, wird die Zeit von Molly Mae, die nicht nur Werbeikone, TV-Realitystar, sondern auch Creative Director ihrer Bekleidungslinie »PrettyLittleThing« ist, ganz anders gewertet als die einer Person, die in einer Fabrik die Kleidungsstücke für das Unternehmen zusammenfügt.

Der Wert meiner Zeit wurde auch schon recht abenteuerlich und doch absolut vorhersehbar bewertet. Insbesondere wenn Lohn oder Vergütung nicht aufgrund eines logischen Vergütungssystem zustande kamen, sondern das Ergebnis von »Verhandlungen« war. Während meiner Selbstständigkeit wurde ich einmal in eine Arbeitsgruppe berufen, die es sich zum Ziel gemacht hatte, Diversität und Öffnungsprozesse in Kulturbetrieben voranzutreiben – ein Thinktank der Gleichberechtigung. Unser Auftraggeber war berühmt für fortschrittliche Denkarten. Vielfalt und Geschlechtergerechtigkeit waren in dem Laden reputierte Geschäftsfelder, und für die Projekte, die geplant und umgesetzt wurden, gab es Lob ohne Ende. Die Ausbeutungsverhältnisse aber waren dieselben wie anderswo auch.

Bei den Treffen der Gruppe ging es vor allem um die systematische Ungleichbehandlung von Frauen, Migrant_innen und anderen marginalisierten Personengruppen. Vom Auftraggeber hätte man vielleicht erwarten können, dass die Ideale, über die wir brav verhandelten, zumindest in unserem Arbeitssetting gelebt wurden. Aber Pustekuchen: Irgendwann gegen Ende unseres Projekts erfuhren wir versehentlich, dass derjenige aus unserer Arbeitsgruppe, der am allerbesten bezahlt wurde, ein alter weißer Mann war. Natürlich. Er sackte im Vergleich zu uns anderen fast das doppelte Honorar ein. Wir anderen, die unterbezahlten Frauen und Migrantisierten in der Gruppe, nahmen es mit Humor, obgleich wir eigentlich auf die Barrikaden hätten gehen sollen. Ja, vielleicht hätte mir mehr Girlboss-Entitlement zu einem besseren Verhandlungsgeschick geholfen. Aber wem, außer mir, hätte es was gebracht?

Das ist ja auch der Punkt bei Anna Delveys Betrugserfolg: So lang sie die Fäden bei ihrem Verwirrspielchen in der Hand hielt, war nur sie es, die von dem Ganzen profitierte. Kaum war aufgedeckt, wer sie wirklich war, wurde sie fallengelassen und eingeknastet – ohne dass ihr Wirken in der oberflächlichen Fake-Bubble der Superreichen irgendetwas ausgelöst und verändert hätte. Das Einzige, was an Anna Delvey einmalig war, war die Tatsache, dass sie sich so lange in einem System bewegen konnte, das eindeutig nicht für sie vorgesehen war – aber indem sie quasi auffällig unauffällig mitmischen konnte, weil sie die kulturellen Codes der Reichen und Schönen ebenfalls beherrschte. Ihr Unterhaltungspotenzial: Top. Ihr Weltveränderungspotenzial: Flop. Dabei ging es ihr nie darum, die Welt zu verändern oder generell etwas Subversives mit ihrer Kunstfigur zu erreichen. Ihr ging es vor allem um ein gutes Leben – und zwar für sich selbst.

In den letzten Jahren haben sich viele Feminist_innen darauf verständigt, als Basisziel immer die Befreiung und Ermächtigung *aller* vor Augen zu haben; nicht nur derjenigen, die es aufgrund von Privilegien sowieso allein und von selbst schaffen können. Kollektives Handeln, gegenseitige Unterstützung und Community-Building sind wichtige Säulen der jeweiligen aktivistischen Bestrebungen und Aktionen, und intersektionelle Themen, die die Bedeutung der Überschneidung verschiedener Diskriminierungsformen wie Klasse, Geschlecht und Herkunft betonen, verdeutlichen, dass gerade neoliberaler Feminismus kein Befreiungspotenzial für alle mit sich bringt.

Nicht alle Frauen können erfolgreiche Influencer_innen sein erfolgreiche Start-ups gründen oder Geschäftsführer_innen sein – und genau deswegen wird es immer Solidarität und Zusammenhalt für diejenigen geben müssen, die nicht vom System profitieren, sondern für den Profit anderer sorgen (müssen).

Der Hustle ist out

»Hustle-Culture«, »Grind-Culture«, »Burn-out-Culture«, »Workaholism«, »Toxic Productivity«: Die Sorte Lifestyle, in der Arbeit und Karriere als Priorität Nummer eins gestellt werden, hat im Laufe der Jahre viele Bezeichnungen erhalten – und nicht alle sind schmeichelhaft. Im Gegenteil, der Trend geht weg von zu viel Arbeitseifer. Popkulturelle Äußerungen, die den »Hustle« oder »Grind« als latent peinlich darstellen, erfreuen sich auf jeden Fall großer Beliebtheit in dem Milieu, in dem ich mich bewege. Wiederum andere verweisen auf die möglichen ernsten Folgen des übertriebenen Arbeitskults: Burn-out beziehungsweise Erschöpfungsdepressionen, Schlafstörungen, Herz-Kreislauf-Erkrankungen und ein erhöhtes Krebs- und Sterberisiko sind einige der Gefahren, auf die man zusteuert, wenn man lange Zeit ohne Erholungsphasen und unter Hochdruck arbeitet[58].

Trotzdem gilt unter Anhänger_innen der Hustle-

und Grind-Culture nach wie vor der Ehrenkodex, bis in die Nacht hinein und am besten noch in der Freizeit zu arbeiten, damit man es bis ganz nach oben schafft. »Nobody ever changed the world on 40 hours a week«, ist zum Beispiel ein Leitspruch von Elon Musk, wobei ich finde, dass er verdächtig viel auf Twitter rumhängt, statt wie bekloppt zu arbeiten. Der minutiös durchgeplante Hustle-Tag ist aber längst nicht mehr nur Statussymbol, sondern oft auch ein Anlass für Spott und Häme. Als die *Theranos*-Scammerin Elizabeth Holmes vor Gericht stand, wanderte das Foto ihrer handschriftlich festgehaltenen Tagesroutine durch das Internet, was für einige Lacher, aber auch Mitleid sorgte[59]. Ein typischer Tag bei Holmes begann um vier Uhr morgens und war bis auf die Minute durchgetaktet: Bis 4:14 Uhr Gott danken, bis 4:45 meditieren, danach ein Spaziergang, dann duschen um 5:20 Uhr, Beine rasieren nicht vergessen, Frühstück zwischen 6:30 und 6:45, und dann ab ins *Theranos*-Office. Ist euch schon schwindelig geworden? Sehr gut, dann seid ihr nicht anfällig für die Hustle-Culture, Glückwunsch! Und wir wissen ja, dass diese Plackerei um jede Minute am frühen Morgen Holmes am Ende auch nicht weitergeholfen hat. Hätte sie öfter mal ausgeschlafen – vielleicht wäre sie heute noch auf freiem Fuß?

Auch ich war schon oft schuldig. Auch ich habe

mir schon Influencer_innen-Videos angeguckt, in denen Leute ihre produktive Tagesroutine vorstellen, um mir den ein oder anderen Zeitmanagement-Trick abzuschauen. Mir wurde gezeigt, dass ich um fünf Uhr aufstehen, das Handy auf Flugmodus lassen, Zitronenwasser trinken, Yoga machen, meine Meals *preppen*, ein paar Seiten lesen und dann frisch wie der Morgentau in den Tag starten könnte. Dabei wäre ich nach so einer anstrengenden Morgenroutine für den Rest des Tages wahrscheinlich zu nichts mehr in der Lage.

Trotzdem habe ich auch Bücher wie *Atomic Habits*[60] gekauft oder Artikel über »No More Zero Days«[61] gelesen, um vielleicht noch mehr Zeit für Erholung, Nickerchen und das süße Nichtstun für mich herausschlagen zu können. Haben sie mir etwas gebracht? Nein. Und damit kann ich ganz entspannt leben.

Die gute Nachricht ist nämlich: Slackertum steht gegenwärtig hoch im Kurs, und antikapitalistische Memes weisen auf einen Kulturwandel hin. Videos von Menschen, die im Bett liegen und lediglich ab und zu die Computermaus bewegen, um Produktivität vorzutäuschen, sind so zahlreich, dass dazugehörige Geschäftsfelder nur explodieren: Es gibt USB-Maus-Jiggler und Webseiten, die man ansteuern kann, wenn man möchte, dass auf dem Computer durchgängiges Arbeiten vorgetäuscht wird. »Mein Boss denkt, dass ich mich im Homeoffice nur erhole«, lachte eine TikTokerin. »Was glaubt er, was ich im Office mache?!«

Für den Job auszubrennen ist für viele keine Option mehr. Heute lauten die Zauberwörter »Remote« und »Arbeitszeitreduzierung« sowie »Freizeitausgleich«, und Berufsjugendliche wie ich, die neben der Arbeit noch Zeit haben, sich stundenlang mit Spotify-Playlisten, Serien, Festivals und Vintage-Spielzeug in Internetshops zu befassen, sind auf einmal die »Cool Kids«.

»Man merkt einfach, dass du dich für das Richtige entschieden hast, weil du nicht fix und fertig aussiehst«, sagte mir eine gute Freundin nachts in einer Berliner Dönerbude. Sie hat mit ihrem Radiojob zwar im Gegensatz zu mir eine wirklich sexy Karriere, aber auch viel stressigere Arbeitszeiten. Ich hingegen fröne dem entspannten Leben einer Stemplerin im öffentlichen Dienst und habe jeden Abend Zeit, mir drei Schichten »The Ordinary«-Produkte aufs Gesicht zu klopfen und anschließend im Plüsch-Pyjama bei ASMR-Videos bis in die Puppen zu entspannen. Klar bin ich manchmal übernächtigt, aber meistens gechillt. Keine Herausforderung in meinen Jobs der letzten Jahre wäre so groß gewesen, dass ich sie nicht innerhalb von ein bis drei Werktagen entspannt und mit Bravour hätte regeln können. Schließlich hatte ich auf diesen Anti-Girlboss-Himmel hingearbeitet.

Als ich mich während des Studiums im Callcenter verdingte, lernte ich einige meiner Fachkolleg_innen kennen, die zwar einen Abschluss hatten, aber nichts damit anfangen konnten. »Ich habe noch nie irgendwo als Soziologe gearbeitet«, verklickerte mir einer dieser Kollegen. Er hielt sich mit Tango-Stunden, Yoga-Unterricht und dem Callcenter-Job über Wasser und war nicht begeistert von seiner »Karriere«. Das war 2005, und ich war ein bisschen schockiert von diesem Geständnis. Er war nicht in der erfolgsversprechenden Hustle-Culture gelandet, sondern im ganz normalen Real-Life-Hustle. Sollte das auch mein Schicksal werden? Erst mein Studium mit diesem Nebenjob finanzieren – nur, um am Ende Vollzeit hier zu landen? Ich sage es, wie es ist: Im Jahr 2007 war das nicht mal unwahrscheinlich, weil Soziolog_innen damals jetzt nicht gerade zur Crème de la Crème der Berufsanwärter_innen gehörten.

So kam es, dass ich zum ersten Mal eine Version eines möglichen Arbeitsplatzes für mich entwarf – heute würde man es wohl »manifestieren« nennen. Eine Vollzeitstelle bei nur einem Arbeitgeber. Geregelte Arbeitszeiten. Nicht bis in die Abendstunden und am besten auch nicht am Wochenende arbeiten.

Keine langen Anfahrtswege und am besten auch kein Umzug in eine andere Stadt, da ich mir nicht vorstellen konnte, noch mal anderswo durchzustarten.

Ich wollte einen langweiligen Job im langweiligen Bielefeld, mit netten Kolleg_innen und einem Workload, den ich gut bewältigen konnte. Ich wollte ausreichend Freizeit und genug Geld verdienen, um diese gut zu verleben. Das sollte mit einem akademischen Abschluss wohl auch drin sein, oder? Mein Plan stand fest: Ich würde eine Anstellung finden, die genau diesen Anforderungen entsprach, und nicht das Elend meines Studentenlebens verlängern, indem ich nach dem Studium in einem Studentenjob versauerte. So viel Ehrgeiz (oder sagen wir lieber: Komfortwillen) hatte ich. Und ich fand diese Stelle: Bei einem Bildungsträger, schlecht bezahlt, aber in Vollzeit. Ich verdiente gefühlt fünf Euro mehr im Monat als bei meinem Callcenter-Job, aber ich hatte immerhin das Gefühl, dass ich das Erlernte aus meinem Studium in meinem Arbeitsalltag wenigstens ein bisschen abrufen konnte. Ein bisschen blauäugig war ich, weil ich zunächst dachte, dass sich aus diesem ersten mittelguten Job noch andere Möglichkeiten ergeben könnten. Ihr wisst, der sagenumwobene »Traumjob«. Vielleicht könnte ich nebenbei promovieren? Befördert werden? Ein Netzwerk knüpfen, um von einem Job in einen ganz anderen zu wechseln? Ich hatte sehr naive Vorstellungen vom Berufsleben – und das, obwohl ich schon einige Jobs gemacht hatte. Ich dachte wirklich, dass man *irgendwann* so weit ist, dass man sich seine Stellen einfach aussuchen könnte. Totaler Quatsch!

Außerdem hatte ich damals meinen ausgeprägten Hang zur Beständigkeit noch nicht auf dem Schirm. Inzwischen lebe ich seit über 20 Jahren in derselben Wohnung, noch länger in derselben Stadt und inzwischen arbeite ich seit über einem halben Jahrzehnt in einer Institution, in der ich Jugendliche und insbesondere Geflüchtete berate. »Ich glaube, Stillstand ist irgendwie dein Ding«, warf mir vor ein paar Jahren eine Freundin an den Kopf, als ich ihr Angebot, mich mit ihr selbständig zu machen, direkt ausschlug. Und wahrscheinlich hatte sie recht: Stillstand, vor allem beruflicher Stillstand, juckt mich inzwischen kein bisschen.

Vor einigen Jahren, als ich noch dachte, ich müsste ambitionierter, zielstrebiger und, was mein eigenes Vorankommen angeht, fortschrittsbedachter sein, fragte ich mich tatsächlich manchmal, ob ich irgendwie und irgendwo »hängen geblieben« war. Ja, ich hatte Zweifel. Und ich fragte mich, ob es überhaupt normal war, so gut in seinem Leben eingerichtet zu sein wie ich. Was war mit Wachstum, Entwicklung,

Learnings? Doch es gab etwas, das mich an meinem Projekt Durchschnittsleben festhalten ließ. Erst in den letzten Jahren, mit all den Möglichkeiten die sich mir irgendwann (auch beruflich) bieten sollten, erkannte ich, was es war: Zufriedenheit.

Das ganz normale und durchschnittliche Leben macht mich glücklich. Und wenn es nach der Statistik geht, bin ich im wahrsten Sinne des Wortes durchschnittlich: Mein Gehalt ist fast punktgenau durchschnittlich, die Fläche, die ich bewohne, ebenso, und auch meine Wochenarbeitszeit ist ungefähr die einer Nullachtfünfzehn-Angestellten. Ich schlafe etwas weniger als der Durchschnitt (7,5 Stunden statt 8,29 Stunden am Tag), aber meine Freizeitzeiten entsprechen ungefähr denen, die als Durchschnittswert angegeben werden. Wo ich aber abkacke: Ich habe keine Kinder (die Durchschnittsfrau hat 1,6), ich lebe alleine, und ich esse wahrscheinlich auch keine 89 Kilogramm Fleisch im Jahr.

Und eins sollten wir nicht vergessen: Selbst das durchschnittliche Leben ist ein großes Privileg, wenn man bedenkt, wie viele Menschen davon weit entfernt sind, weil Teilhabe für sie noch nicht mal in einem durchschnittlichen Ausmaß vorgesehen ist. Wenn ich mich also als »Anti-Girlboss« bezeichne, dann immer in dem Bewusstsein, dass ich meine Thesen von einem sehr hohen Ross predigen darf. Ich bin privilegiert, ich bin gesund, ich verfüge über ein überdurchschnittlich hohes Maß an kulturellem und sozialem Kapital, und ich lebe in einem Land, das Personen wie mir einen hohen Lebensstandard gewährleistet. So kann ich es mir leisten, mich bestimmten Exzentrizitäten hinzugeben, weil meine Umstände es erlauben: Wenn ich in einem Sommer finde, dass ich auf vier Festivals fahren will, dann mache ich es. Und wenn ich beschließe, mir wochenlang Filme anzugucken, in denen nur ein_e bestimmte Schauspieler_in mitspielt, dann ziehe ich das durch. Das gehört alles zu meiner Komfortzone, in der ich mich gerne bewege.

Glücklicherweise muss ich heute keinen echten Hustle-Jobs mehr nachgehen. Die echten Hustle-Jobs sind nämlich in Wahrheit die, die nur wenig Anerkennung erhalten, aber in der Regel richtig viel Einsatz erfordern – oft auch körperlichen. Die fehlende Wertschätzung für diese Berufe kann man natürlich vor allem an einem Merkmal ablesen: der Bezahlung. Je niedriger das Salär, desto niedriger die Anerkennung – es sei denn, man ist Inhaber*in einer Shisha-Bar, denn da wird man von der sogenannten Mehrheitsgesellschaft auch bei höherem Umsatz nicht wirklich als Prestige-Firma wahrgenommen. Vor allen in den systemrelevanten Berufen finden sich zwar auch klassische Prestige-Jobs wie zum Beispiel Ärzt_innen. Dennoch weisen »knapp 80 Prozent aller systemrelevanten Arbeitnehmer_innen ein unterdurchschnittliches Berufsprestige auf«[62].

Alles, was mit Reinigungstätigkeiten oder Fahrzeugführung zu tun hat, wird nicht so sehr geschätzt, und Verkäufer_innen, Medizinische Fachangestellte und Mitarbeiter_innen in den Lagerwirtschafts- und Postzustellungsberufen werden immer noch schlecht bezahlt – obschon ohne sie rein gar nichts laufen würde. Wirklich *nichts*.

Auch ich habe in einigen Niedriglohnjobs meinen Dienst verrichtet: Hinter der Bäckereitheke stehen und Backwaren verkaufen, Babysitten, pädagogische Jobs. Ich habe viele Stunden für wenig Geld geackert – und gelernt: Viel hilft nicht immer viel. In dem oben erwähnten Callcenter arbeitete ich fast ein halbes Jahrzehnt, weil mir die Sicherheit eines unbefristeten Arbeitsvertrages wichtiger war als irgendein anderer spannender Studi-Nebenjob, der sich in meinem Lebenslauf besser machen würde.

Ich redete mir ein, dass ich mir berufliche Abenteuer neben dem Studium nicht leisten konnte, und vielleicht stimmte das sogar auch. Das Gefühl von Beständigkeit und Sicherheit konnte sich bei mir nur dann einstellen, wenn ich wusste, dass mein Einkommen für die nächsten Semester gesichert war – und nur dann konnte ich in all meinen Lebensbereichen gut funktionieren. Jegliches Talent zum Entrepreneurinnenwesen, das ich wahrscheinlich sowieso noch nie im großen Ausmaß hatte, wurde in diesen Jahren im Keim erstickt. Berufliche Abenteuer oder gar Risiken? Pfui! Ein Gehalt, das am Ende des Monats so pünktlich kommt, dass man die Uhr danach stellen kann? Hui! Nur allzu gern machte ich Jobs, die genauso öde wie solide waren. Teilweise waren sie sogar so langweilig, dass ich mir gar nicht die Mühe machte, sie Außenstehenden zu erklären: Ihnen schliefen regelmäßig die Füße ein, wenn ich etwas von Rechtskreisen, Zertifizierungsverfahren oder Sachberichten erzählte. Mir aber war es piepegal, denn mein Modell funktionierte für mich: Es gab mir Stabilitäts- und Sicherheitsgefühle.

Für das Leben in einer Komfortzone muss man sich oft rechtfertigen, vor allem, wenn man ohne Umschweife zugibt, dass man sich ganz gut in seiner Lebensrealität eingerichtet hat. Ich bin nicht wirklich ein Millennial, da ich mit meiner Geburt ungefähr ein Jahr zu früh dran war, um zu dieser Kohorte dazugezählt zu werden, aber ich lese natürlich aufmerksam mit, wenn von dieser Generation die Rede ist. Millennials und auch Post-Millennials, so heißt es immer, wollen keine Karriere, keine berufliche Verantwortung und mehr Freizeit. Ein sympathisches Mindset, finde ich. In der öffentlichen Wahrnehmung aber wird es anders bewertet: Aus dieser Haltung werden Faulheit, Arroganz und fehlende Reife abgelesen. Junge Leute wollten nicht mehr arbeiten[63], wären verwöhnt, arbeitsscheu und empfindlich[64]. Der Generationenkonflikt ist im vollen Gange: Disziplinierte Boomer im enttäuschten Sparring mit einer jüngeren Generation, die schockierenderweise außer Lohnarbeit auch noch andere Hobbys hat.

Zwar gäbe es vereinzelt noch die motivierten, zielstrebigen, ambitionierten, karriereorientierten jungen Menschen, aber vor allem immer mehr auch solche, die sich *unnötige* Auszeiten leisten. Junge Menschen, die zwar keine Familienpflichten wie Betreuungs- oder Pflegeaufgaben zu stemmen haben, aber dennoch nicht mit einem Einsatz glänzen möchten, der über das normale Maß hinausgeht. Dass ein Job zu den eigenen Bedürfnissen und zum eigenen Privatleben passen soll, erscheint fast schon obszön. Dabei ist nichts nachvollziehbarer als der Wunsch nach Vereinbarkeit, und dazu gehört, dass es auch ein Leben neben der Lohnarbeit gibt. Und das kann auch ein Leben ohne Kinder, Haus, Grund und Hund sein.

Es sind politisch bedenkliche und geopolitisch sehr komplexe und beunruhigende Zeiten, und dass

Menschen nach wie vor zur Arbeit gehen sollen, als sei nichts, wirkt an manchen Tagen – je nach Nachrichtenlage und je nachdem, welche Katastrophenmeldungen gerade umgehen – fast schon bizarr. Die Zukunft scheint so ungewiss wie noch nie, und ich kann gut verstehen, dass jüngere Menschen ihr Leben vor diesem Hintergrund nicht erst in hohem Alter genießen möchten – auch weil so unklar ist, was einen dann erwartet. Zudem sind in den letzten Jahren so viele Gewissheiten weggefallen, dass es nur verständlich ist, dass Arbeit für viele nicht mehr primär Selbstzweck, sondern nur noch Mittel zum Zweck ist.

Dazu grassieren nach wie vor Ungerechtigkeiten: In Behindertenwerkstätten liegt der Stundenlohn im Schnitt immer noch bei etwa 1,35 Euro, der Gender-Pay-Gap hat sich immer noch nicht aufgelöst, und Menschen in Niedriglohnjobs werden in den nächsten Jahren wahrscheinlich mit immer mehr finanziellen Schwierigkeiten zu kämpfen haben.

Die alte »Werkfrömmigkeit« scheint mehr und mehr zu verschwinden, stattdessen können wir beim säkularen Niedergang der Arbeitslust live zuschauen. Der Arbeitsmarkt hat sich in den letzten Jahren grundlegend verändert: Im Jahr 2022 gab es einen Rekordkrankenstand, Arbeitsplätze werden – auch im Zuge von Covid – immer öfter und berechtigt als Orte diffuser Gesundheitsgefährdung wahrgenommen, und 57 Prozent der 16- bis 29-Jährigen sagen mittlerweile ganz offen, dass ihnen ihr Privatleben wichtiger ist als Arbeit.

Dazu passt, dass im Sommer 2022 ein Phänomen in die Schlagzeilen geriet, das dieser Einstellung einen Namen gab: »Quiet Quitting«, also die stille Kündigung. Das Ganze hörte sich für mich erst mal wie eine große Verweigerungsrevolution an, beschrieb aber nur ein ganz nachvollziehbares Mindset vieler arbeitender Menschen. Eine Freundin schickte mir den ersten Artikel, den ich jemals zu dem Thema las, per Textnachricht. »Wild. Einfach nur die Arbeit machen, für die man bezahlt wird = Quiet Quitting«, kommentierte sie den Link.

Ich staunte nicht schlecht. Den Feierabend zum Feierabend erklären. Nicht ständig Aufgaben übernehmen, die gar nicht im Vertrag stehen. Nicht ständig Überstunden schieben oder jederzeit für den Arbeitgeber erreichbar sein. Das war doch mein Alltag. War dieser Lifestyle auf einmal so spektakulär, dass er eine eigene Bezeichnung brauchte? Und dann auch noch eine so irreführende?

In den Artikeln zum ominösen Phänomen wurde erklärt, dass »Quiet Quitting« eigentlich nichts mit fehlender Motivation, Faulheit oder Nichtstun zu tun hat. Vielmehr gehe es darum, Grenzen zu setzen und Überlastungen zu vermeiden. Aber dass eine Begrifflichkeit in die Welt gesetzt wird, die die Annahme verstärkt, dass gute Arbeit unbezahlte Überstunden und Co. beinhalten muss, sagt sehr viel darüber aus, was lange unter dem »richtigen Arbeitsethos« verstanden wurde.

Unbezahlte Extrakilometer hinter sich bringen – diese Zeiten sind anscheinend vorbei. Visionär_innen wünschen sich heute die Viertagewoche herbei. Da die wirtschaftlichen Zeiten eh schwieriger sind, schrumpfen die Chancen, sich so etwas wie ein »Vermögen« aufzubauen, zumal sich seit ein paar Jahren auch herumgesprochen hat, dass man eher nicht durch Arbeit reich wird, sondern durch ganz andere Faktoren. Arbeit als etwas, das man nicht tun will, sondern tun muss – eigentlich logisch. «Nobody wants to work these days« – Kim Kardashian hatte gar nicht unrecht mit ihrer Aussage. Hätte sie diesen Satz in einem anderen Kontext rausgelassen, hätte er sogar ein guter Slogan der Anti-Girlboss-Bewegung werden können.

»Rest Revolution«: Ein widerständiger Akt

Ausruhen ist ein wahrhafter Akt des Widerstandes – und zwar gegen ein ausbeuterisches, kapitalistisches System, das 24/7 unsere Ressourcen anzapft. Ja, bitte merken: Chillen kann politisch sein! Die afroamerikanische Dichterin und Aktivistin Tricia Hersey hat in ihrem Werk *Rest is Resistance*[65] beschrieben, wie sie systematisch mit verschiedenen Formen der Erholung experimentiert hat und identifiziert dabei das Ausruhen als höchst effektive und widerständige Praxis gegen den Kapitalismus. Sie beschreibt, wie das System, in dem wir leben, darauf ausgelegt ist, uns in einem Zustand der Dauermüdigkeit verharren zu lassen. Denn wenn man der Müdigkeit des eigenen Körpers nachgibt, folgen Scham- und Schuldgefühle, die aus der kapitalistischen Huste-Kultur stammen. Der Wunsch nach Erholung, so Hersey, konkurriert ständig mit dem Gedanken daran, wie wir unsere Rechnungen bezahlen können.

Dennoch plädiert sie dafür, das Ausruhen als widerständigen Akt in den Alltag einzubauen – und zwar so oft wie nur möglich. Hersey zufolge ist Kapitalismus untrennbar mit »White Supremacy« (Ideologien weißer Vorherrschaft also) verbunden. »Kapitalismus entstand auf der Plantage«[66], betont sie. Sie ist natürlich nicht allein damit, Ausruhen als Notwendigkeit in rassistisch strukturierten Systemen versteht. In einem Podcast-Interview[67] führte sie aus, dass Hustle-Culture eigentlich immer schon eins gewesen ist: die Arbeitskultur weißer Vorherrschaft. Sie äußert die Hoffnung, dass sich langsam Widerstand gegen ausbeuterische Systeme regt, und dass dieser Widerstand vor allem in verschiedenen Formen der Verweigerung Ausdruck findet:

> »Menschen wachen auf. Sie öffnen die Augen und sehen, wie sie in toxischen Systemen manipuliert werden. Sie wachen auf, um zu ruhen. […] Wir werden nicht länger Märtyrer sein für Grind Culture […] Unser Wert hängt nicht davon ab, wie viel wir produzieren. Es geht auch anders.«[68]

In Krisenzeiten wie unseren fühlt sich der Wunsch, Veränderungen herbeizuführen, besonders dringlich an: Es gibt Handlungsbedarf, um sich gegen systemische Ungerechtigkeiten im Inland, Menschrechtsverstöße auf der ganzen Welt, globalpolitische Krisen und die Zerstörung des Planeten zu engagieren. Diese Themen benötigen und verdienen Zeit und Energie. Doch auch hier könnte die Berücksichtigung von Ruhe als widerständigem Element dazu beitragen, viele der Paradigmen neu zu definieren. Auch in Aktivist_innenkreisen werden Produktivität und die Fähigkeit, Dinge zu erledigen, als Gradmesser für Wertbehauptung angesehen. Und auch hier beginnt man langsam, diese Vorstellungen zu hinterfragen.

Schlafentzug und die Behandlung bestimmter Körper als austauschbare Werkzeuge waren immer schon von zentraler Bedeutung in Kolonialisierung und Sklaverei. Dies hat sich in der Konsequenz auch auf den Kapitalismus übertragen, da es vor allem marginalisierte Personen sind, die die Hauptlast des Systems tragen, das auf kontinuierlicher Produktion und unsichtbarer Arbeit beruht.

Schwarze[69] Frauen und Aktivist_innen plädieren seit Jahren für »Rest Revolutions« und ähnlich gelagerte Praktiken des Rebellierens. Sie sind die Vordenker_innen der Idee, im Akt des Ausruhens und in Self-Care-Praktiken revolutionäres Potenzial zu erkennen und haben in den letzten Jahren die Diskurse in diese Richtung immens vorangetrieben. Berühmte

Schwarze Frauen wie Gymnastik-Champion und Olympiasiegerin Simone Biles und Tennisprofi Naomi Osaka haben nach ihrer Verkündung, dem Profisport den Rücken zu kehren, viel Beistand und Beifall erhalten – und wurden als prominente Pionierinnen der »Rest Revolution«-Bewegung gefeiert.

»Im Jahr 2021 ist Ruhe für schwarze Frauen revolutionärer als je zuvor, und zwar, weil wir endlich die Wahl haben«, bewertete die Autorin Duanecia Evans Clark den Rückzug der beiden Sportlerinnen. »Unsere Vorfahren haben für diesen Moment gekämpft. Wir schulden uns selbst Ruhe, aber wir schulden sie auch ihnen für die Jahrhunderte, in denen sie sich nicht ausruhen konnten.«[70] So wird der historischen Tradition systematischer Ausbeutung der eigenen Vorfahren Tribut gezollt. Denn, so betont Psychiaterin Reba Peoples, die Unfähigkeit, sich auszuruhen, kann nicht abgekoppelt von historischen und gegenwärtigen Missständen betrachtet werden:

> »Wir leben in einer Kultur, die Produktivität schätzt, also werden wir an unseren Produktionsfähigkeiten gemessen. Aber für Schwarze geht diese Idee noch tiefer, weil unsere [versklavten] Vorfahren buchstäblich aufgrund ihrer Fähigkeit, Arbeitskraft zu produzieren, bewertet wurden. Waren sie nicht voll

ausgelastet, konnte dies Prügel bedeuten, oder sie konnten verkauft und von ihrer Familie getrennt werden. Es war also gefährlich, sich auszuruhen – und das haben wir in unserer DNA verinnerlicht.«[71]

Und auch schon vor Jahrzehnten stand Selbstfürsorge als widerständiger Akt in einem ausbeuterischen System auf der Agenda bedeutender Schwarzer Aktivist_innen. »Für mich selbst zu sorgen ist kein persönlicher Luxus. Es ist Selbsterhalt und damit ein Akt politischer Kriegsführung«[72], schrieb die afroamerikanische Schriftstellerin und Aktivistin Audre Lorde bereits 1988, und setzte damit eins der berühmtesten Zitate zur politischen Selbstfürsorge-Praxis in die Welt.

Der Autor Bayo Akomolafe[73] wiederum ist seit Jahren bekannt für seine Thesen zur Verlangsamung. Er plädiert für eine Neuinterpretation verschiedener Krisen, mit denen wir als Menschheit konfrontiert sind, und betont, dass Ruhe und Nichtruhe keine binären Zustände sind. Für ihn bietet Verlangsamung nicht nur Vorteile für Menschen im Allgemeinen und soziale Bewegungen im Speziellen, sondern auch für die Erde, da die von ihr bereitgestellten Ressourcen immer schon die Grundlage für die Schnelligkeit des Systems gewesen sind. Und die Geografie- und Umweltforscherin Laura Johnson plädiert für eine dekoloniale Perspektive auf heilende und regenerative Praktiken und betont, dass dabei gerechte Rahmenbedingungen sowie ein postkapitalistischer Kontext unabdingbar sind: Diese Praktiken müssten dann nicht nur für alle Körper zugänglich sein, sondern insbesondere für diejenigen umsetzbar sein, denen Ruhe, Zeit, Raum und Ressourcen zur Verarbeitung von Trauer und Trauma lange Zeit vorsätzlich verweigert wurden[74].

Gerade in Bewegungen, in denen Social Justice erkämpft werden soll, kann nicht außer Acht gelassen werden, wie systematisch die Ressourcen von Körpern teilweise jahrhundertelang ausgebeutet wurden. Sich der Produktivität zu entziehen ist zudem immer schon der Klassiker sozialer Bewegungen gewesen, um gegen bestehende kapitalistische Systeme zu rebellieren. Arbeiter_innen- und Angestelltenrechte durchzusetzen ist primär durch Streiks gelungen – und nicht dadurch, dass Ausgebeutete sich in Chefpositionen hochgearbeitet haben, um dann eine schöne neue und gerechtere Arbeitswelt für die Menschen, die unter ihnen malochen müssen, zu kreieren.

Auch Frauen haben in der Geschichte schon systematisch durch das Entziehen ihrer Produktionskraft gesellschaftlichen Wandel angestoßen. Einer der bekanntesten Frauenstreiks fand zum Beispiel 1975 in Island[75] statt: An einem Tag im Oktober warfen die Isländerinnen kollektiv die Flinte ins Korn. Sie weigerten sich zu arbeiten, zu kochen und auf die Kinder aufzupassen – was unter anderem zu ausverkauften Würstchen führte, da Tausende isländische Väter in ihrer Not auf Hotdogs und Süßigkeiten zurückgriffen, um ihre Kinder zu verpflegen. Damit möglichst viele Frauen sich dem Streik anschlossen, wurde ein kleiner Trick angewandt: Die 31 Jahre alte Lehrerin Gerður Steinþórsdóttir, selbst zweifache Mutter, die der revolutionär-feministischen Gruppe »Rote Socken« angehörte, hatte die Idee, den Kampftag nicht als Streik zu bezeichnen, sondern als »Kvennafrídagurinn«, also »Frauenruhetag«: Dieser Begriff hörte sich weniger rabiat an – und war auch für moderatere Gruppen annehmbar. »Ruhe« hört sich netter an als »Kampf«.

Im Vorfeld des »Frauenruhetags« wurden Zehntausende Flugblätter gedruckt und Radioansagen geschaltet. Arbeitgeber drohten zunächst damit, Frauen, die nicht zur Arbeit erscheinen würden, zu feuern – bis ihnen bewusst wurde, wie groß die Bewegung tatsächlich war. Sie mussten nachgeben. Der Frauenstreik wurde mit vollem Erfolg durchgezogen.

Außer Krankenschwestern und Ärztinnen streikten fast alle werktätigen Frauen, die Quote lag laut isländischen Zeitungen bei beeindruckenden 90 Prozent. Kitas, Geschäfte, Schulen, Fabriken und Kinos blieben geschlossen, die Männer mit den Kindern allein sich selbst überlassen. Nur einen Tag später war alles wie immer. Aber es war etwas bei den Menschen hängen geblieben: Frauen lernten, wie sie sich organisieren konnten. Und »der lange Freitag« war vielen – auch Männern – im Gedächtnis geblieben. Ein Jahr nach dem Streik verabschiedete das Parlament ein Gesetz zur Gleichstellung und legte den entscheidenden Grundstein für Islands Aufstieg zum Musterland der Gleichstellung.

Nicht Entrepreneurwesen, Hochglanzbüros oder Gehaltsschecks, die fetter ausfallen als die anderer, werden Gesellschaften besser machen, sondern: (Selbst-)Fürsorge, Solidarität, Verweigerung und der gemeinsame Kampf gegen die Ungerechtigkeiten des bestehenden Systems.

Arbeit ist nur das halbe Leben

Wenn ich arbeite oder lästige Aufgaben erledige, träume ich ständig davon, einfach nichts zu tun zu haben. Einer meiner Lieblingstagträume im Büro geht so: Ich bin zu Hause, liege auf dem Sofa unter einer Kuscheldecke, trinke Kaffee und gucke irgendeine Serie, die ich nicht mehr schauen sollte, weil ich sie schon fünfmal durchgeballert habe. Gammeln plus Zeit verschwenden: meine Lieblingshobbys. Ein anderer Tagtraum geht so: Ich mache irgendwas Schönes mit Freund_innen, richte für sie einen Brunch aus, gehe mit ihnen wandern, ins Kino, auf eine Reise oder hänge einfach nur mit ihnen rum. Jetzt, wo ich mich auf den letzten Metern des Buch-Marathons bewege, fantasiere ich von Drei-Gänge-Menüs, die ich meinen Homies kredenzen könnte, wenn ich mich nicht in halber Schreibisolation befinden würde. Wenn ich nicht gerade bis zum Hals in Arbeit stecke, bin ich ansonsten diejenige, die fast immer sagt »Ja, ich hab Zeit!«, wenn Freund_innen irgendwas aushecken wollen – auch wenn das natürlich nicht immer stimmt. Aber mit Menschen, die man gernhat, abzuhängen, ist eine feine Sache. Und dass Arbeit einen allzu oft davon abhält, ist mies ohne Ende.

Sehr oft aber, wenn ich rein gar nichts oder eben meinen Freizeit- und Freund_innenkram gemacht habe, habe ich an all die Aufgaben gedacht, die sich auftürmen, wenn ich mich nicht um sie kümmere. Ich habe aber ein Mantra, das mir hilft, mich in radikaler Akzeptanz zu üben: »Niemand wird sterben.« Niemand wird sterben, wenn ich nicht innerhalb von Sekunden zurückrufe oder die Bearbeitung einer Excel-Tabelle tagelang vor mir herschiebe. Niemand wird sterben, wenn ich darauf verzichte, sonntagabends Arbeitsmails zu verschicken. Niemand wird sterben, wenn ich für mich beschließe, dass ich einfach nur ein durchschnittlicher Nullachtfünfzehn-Otto sein will, der sich gemächlich durchs Leben navigiert. Aber ganz so einfach ist es in der Praxis leider oft nicht.

Bei mir ist – genauso wie bei vielen anderen – nicht einmal ansatzweise daran zu denken, mit dem Arbeiten aufzuhören. Das Paradox des Anti-Girlboss besteht ja darin, dass man nicht wirklich wenig arbeitet, sondern im Gegenteil meist sehr viel. Das ist die schlechte Nachricht. Sich freiwillig im Bodenpersonal der Arbeitnehmer_innen einzureihen, bedeutet nämlich auch, dass man natürlich trotzdem viel zu tun hat. Man ist schließlich dafür zuständig, das Kapital des Arbeitgebers zu vermehren!

Girlbosse weisen ja immer darauf hin, wie wichtig es ist, innerhalb des gegebenen Systems aktiv zu werden und aus den Umständen das Beste für sich zu machen. Da gebe ich ihnen recht: Jede_r soll aus diesem schlechten System das jeweils Beste für sich herausholen (und dann überlegen, wie das System geändert werden kann).

Für mich heißt das: Ich will mein Potenzial nicht in einem Job, sondern lieber mich nach Feierabend auf meinem Sofa entfalten und mir eine unterhaltsame Netflix-Produktion am Stück reinklingeln oder wahllos unterhaltsame TikTok-Videos, die der auf mich zugeschnittene Algorithmus vorschlägt. Dafür bleibe ich lieber abends länger wach und zögere das Ende des Tages (und den Beginn des nächsten) hinaus. Eine Prokrastinateurin bin ich sowieso, und zusätzlich die Queen der sogenannten Schlafenszeit-Prokrastinateurin.

»Aufschieben der Schlafenszeit aus Rache« heißt das Ganze und beschreibt ein psychologisches Phänomen, bei dem Menschen länger aufbleiben, als sie sollten oder wünschen. So entsteht ein Gefühl der

Kontrolle über die Nacht, das den Eindruck ausgleicht, keinen Einfluss auf die Ereignisse des Tages zu haben. Denn das hat man als normale_r Angestellte_r selten.

Die neoliberale Alltagsstruktur der Länder kapitalistischer Prägung nimmt einen schon als Kind unter seine Fittiche. Früh übt sich, wer einmal ein vorzeigbares Mitglied der Gesellschaft sein will: Ich fand es schon als Fünfjährige nervig, im Kindergarten zu staatlich verordneten Zeiten zu spielen und draußen herumzutoben. Deshalb machte ich meine ersten offiziellen Schwänzerfahrungen noch bevor ich eingeschult wurde, indem ich mich ab und zu krankstellte.

Irgendwann erzählte mir eine Arbeitskolleg_in, dass ihre Tochter immer total schlapp und fertig sei, wenn sie sie um 15 Uhr aus der Kita abhole, und ich verstand sofort, wie unfassbar anstrengend so ein durchschnittlicher Tag in Betreuungsverwahrung für ein Kind sein muss. Vielleicht habe ich auch keine eigenen Kinder, weil ich es ihnen nicht zumuten will, morgens um halb sieben aus dem Bett geschmissen und in einen Anorak gepackt zu werden, damit sie kurze Zeit später im Morgengrauen versuchen müssen, während des ersten Stuhlkreises des Tages bei dem »Fang den Besen«-Spiel zu brillieren. Und es wird ja nach dem Kindergarten nicht besser.

Als Schulkind starten wir quasi in eine Vollzeitwoche, die der eines Erwachsenen in nichts nachsteht: Mit ungefähr 30 Stunden Schule und Hausaufgaben pro Woche und vielleicht noch zusätzlich übungsintensiven Hobbys wie Klavier- und Flötenunterricht und der Teilnahme an diversen Sportgruppen (sofern man privilegiert genug ist) hat man als Schüler_in in Deutschland schon ein arges Wochenpensum. Aber natürlich müssen Kinder möglichst im Vollzeitmodus verwahrt werden, damit ihre Eltern im Vollzeitmodus arbeiten können – das hat uns spätestens die Corona-Pandemie mit den chaotischen Zeiten des Homeschoolings gezeigt.

Ich hatte in den 1980er-Jahren das Glück und das Privileg, dass meine Mutter Hausfrau war, und jeden Anflug von Halsschmerzen und Schnupfen nahm ich dankend an, um mich tagelang auf dem Sofa im Wohnzimmer in eine Bettdeckenburg zu verkrümeln und stundenlang zu lesen und Fernsehen zu gucken, während Mama drumherum den Haushalt machte.

Ich fing wahrscheinlich schon als Grundschülerin mutwillig mit dem »Aufschieben der Schlafenszeit aus Rache« an, da ich gern bis in die Puppen mit einer Taschenlampe unter der Bettdecke las, was meine Eltern gehörig auf die Palme brachte, da ich damit, wie sie entnervt betonten, meine Augen ruinieren würde.

Ich genieße es also schon seit mehreren Jahrzehnten, »Kontrolle über die Nacht« und damit einen (Zeit-)Raum für mich zu haben, in dem ich tun und lassen kann, was ich will, ohne dass die Außenwelt meine Verfügbarkeit erwartet. Höchstens meine Schwester, die genauso wie ich eine Nachteule ist und mir vielleicht erzählen würde, dass sie gerade zum wiederholten Male angefangen hat, *Pretty Little Liars* zu gucken. Why not?

Der Anti-Girlboss geht also in der Regel eher später ins Bett – es sei denn, es ist Wochenende, da kann es sein, dass man schon um 21:15 Uhr den Matratzenhorchdienst antritt, um sich dem Zwang der produktiven Erwachsenen-Freizeitgestaltung und des Ausgehens zu entziehen. Werktags aber ist man dann gern auch mal übernächtigt unterwegs. Kein großes Problem, wenn man einen Job macht, den man (a) fast wie im Schlaf beherrscht und bei dem man (b) nicht dafür verantwortlich ist, dass niemand stirbt.

Eine der absurdesten und inspirierendsten Anekdoten meines Arbeitslebens rankt sich um eine ehemalige Kollegin, die eine Weile lang in einer einsamen Außenstelle unserer Firma so wenig zu tun hatte, dass sie dazu überging, mit einer von zu Hause mitgebrachten Decke im Büro zu schlafen. Das Diensttelefon hatte sie bei den Nickerchen immer in Reichweite, um stets erreichbar zu sein. »Meistens ruft aber keiner an«, beschrieb sie ihren überschaubaren Workload.

Als wir das hörten, waren wir komplett geflasht: Diese Kollegin war eine Heldin der Nicht-Arbeit, wobei sie dafür nichts konnte. Sie hatte halt wirklich *nichts* zu tun.

Das deviante Schläfchen im Büro habe ich bis heute noch nicht hinbekommen, aber ich bekomme inzwischen mit meiner über die Jahre entwickelten Jobgemächlichkeit genug Ruhe, um ohne auszukommen. Es ist ein Setting, das mir erlaubt, ein Leben neben der Erwerbsarbeit zu pflegen und mich auf die unplanbaren Aspekte dessen einzulassen. Und davon gab es auch für mich genug, und nicht alle hatten mit Freizeitspaß zu tun.

Gemeinsam mit meinen Geschwistern habe ich meine Mutter in den letzten Jahren ihres Lebens gepflegt. Eine sehr einnehmende Angelegenheit, die zeitweise ständigen Abruf erforderte. Meine Wohnortnähe, mein Job, der weder reise- noch überstundenintensiv war und das Glück, mir die Aufgaben mit anderen teilen zu können, machten diese Aufgabe erst möglich. Dass meine Arbeit nicht ganz oben auf meiner Prioritätenliste stand, gab mir in dieser Phase einen ganz wichtigen Raum: Es erlaubte mir, einige Jahre lang meine Mutter zu meiner obersten Priorität zu machen.

Auch als meine Eltern relativ kurz hintereinander verstarben, konnte ich mir glücklicherweise guten

Gewissens den Raum nehmen, den das Regeln ihrer persönlichen Angelegenheiten, die Organisation der Beerdigungen und überhaupt der Umgang mit meiner eigenen Trauer eh in meinem Leben eingenommen hätten. Die Trauer trat mit einer derartigen Wucht in mein Leben, dass es mich zunächst von den Socken riss. Ich stellte die Arbeit für zwei Wochen komplett ein und erhielt dafür von allen Seiten Ermutigung. »Das«, betonten alle, auch meine Arbeit- und Auftraggeber_innen, »ist jetzt wirklich wichtiger als Arbeit!« Im Kapitalismus soll natürlich auch Trauern am besten kurz und knapp gehalten werden: Zwei Tage Sonderurlaub sind der Richtwert – ein Zeitraum, in dem man noch nicht mal eine Beerdigung gescheit organisieren kann. Ich brauchte auf jeden Fall mehr Zeit als 48 Stunden, um mit diesen einschneidenden Erlebnissen umzugehen.

Es war ein Luxus, mich meinen Emotionen voll und ganz hingeben zu können, ebenso wie die Existenz der Menschen, die sich um mich kümmerten. Ich bekam Care-Pakete zugeschickt, Freund_innen brachten mir Blumen und Essen und halfen mir, mich durch die ersten dumpfen Tage nach den Verlusten zu navigieren. Als mein Vater starb, war ich noch Trauer-Anfängerin gewesen und ging einen Tag nach seiner Beerdigung wieder arbeiten. Ich dachte, zu *funktionieren* wäre die gesündeste Variante, um wieder in einen *normalen* Alltag einsteigen zu können. Mich allzu sehr meinen Emotionen hinzugeben, kam mir schadhaft vor, auch weil ich Sorge hatte, dass ich aus diesem Sumpf nicht mehr so leicht herauskommen könnte. Doch nachdem meine Mutter gestorben war, nahm ich mir bewusst mehr Zeit, um den Verlust zu verarbeiten.

Ich fürchtete mich nicht mehr vor den schlaflosen Nächten, dem Weinen, den vor sich hinfließenden Tagen, an denen ich nichts anderes tat, außer zu atmen und meine Trauer zu teilen. Meine Schwestern und ich lagen stundenlang auf dem Sofa in unserem Elternhaus, hörten Musik, die meine Eltern mochten, und schauten uns alte Fotos an. Alles, was abgesehen von den Begräbnissen an dringlichen Organisationsaufgaben noch vor uns lag, stellten wir hinten an.

Wir legten eine Pause ein, der wir uns voll und ganz hingaben. Die Trauer löste etwas Merkwürdiges bei mir aus: Immer dann, wenn ich mich einer der Tausenden Emotionen hingab, die der Trauerprozess so mit sich bringt, und mir einen Moment erlaubte, in dem ich alles unterbrach, was ich gerade tat, um einer Erinnerung nachzuhängen oder mich einfach auf das schwere Gefühl in meiner Brust zu konzentrieren, fühlte ich mich: *lebendig*.

Ich hatte das große Privileg, mir diese Zeit zum Trauern zu nehmen. Meine Alltagsstruktur ließ es zu, hinzu kamen weitere äußere Faktoren. Nur wenige Tage nachdem mein Vater beerdigt worden war, setzte der erste Corona-Lockdown ein – die berühmte »Haltet die Welt an«-Metapher, die man gern nach einem einschneidenden Ereignis benutzt, war für mich Wirklichkeit geworden. Auch als meine Mutter starb, war die Welt noch nicht wieder zu ihrem alten Tempo zurückgekehrt. Es war eine bittere Ironie, dass ausgerechnet eine unfassbar große globale Krise dafür sorgte, dass wir als Familie unsere eigene Krise des Verlusts besser bewältigen konnten, weil das runtergefahrene öffentliche Leben uns eine Verschnaufpause verschaffte.

Das Leben ist voller prägender Erlebnisse und Phasen, die natürlich nicht immer nur Freude bringen, sondern auch sehr belastend sein können. Ihnen in jeder ihrer Ausprägungen – egal, ob gut, schlecht oder schmerzhaft – Raum geben zu können, ist immer noch ein Privileg – was bizarr ist. Denn was könnte wichtiger sein als eine ruhige Verarbeitung eines einschneidenden Verlusts – oder auch der Genuss einer besonders schönen Lebensphase? Arbeit ist es meiner Meinung nach nicht.

Endlich Feierabend

Obwohl ich also eine faule Socke bin, war dann irgendwann dieses Buch fertig, und ich habe es kaum bemerkt. Irgendwo zwischen dem Rumwuseln in einer Spotify-Playlist und einer Sprachnachricht, die ich an meine Schwestern geschickt habe, war auf einmal der letzte Satz draußen.

Aber ich sage es euch ganz ehrlich: Ich habe auch ordentlich geschummelt und Methoden angewandt, die so gar nicht zu einem Anti-Girlboss passen: An manchen Schreibtagen musste ich mich mittags hinsetzen und eine To-do-Liste schreiben, um auf die Reihe zu bekommen, was ich den Tag über noch leisten muss – und schon geleistet habe. Das ist nämlich der Trick an Mittags-To-do-Listen: Ihr könnt aufschreiben, was ihr vormittags schon so erledigt habt, und wenn ihr sehr kleinschrittig vorgeht (aufstehen, Kaffee kochen, Haare kämmen) – dann könnt ihr gleich einen Batzen an Dingen abhaken! Aber keine

Sorge, mit mehr Produktivitätstipps will ich euch gar nicht belästigen. Ja, ihr seht, ich bin immer noch nicht fertig mit den ganzen Widersprüchlichkeiten, die das Thema, durch das ich mich gewühlt habe, so mit sich bringt! Aber die gute Nachricht ist: Ich bin immer noch eine überzeugte Slackerin und ich werde es wohl immer bleiben – jetzt erst recht.

Ich hatte es mir einfacher vorgestellt, über das gute, faule, ruhige Leben zu schreiben, bis ich herausfand, dass es so komplex ist, dass man daraus ganze Seminare basteln kann. Von Tagträumen, die sich auf dem Sofa abspielen, bis hin zu strategischer Leistungsverweigerung im Rahmen von Social-Justice-Bewegungen ist es nämlich ein ganz schöner Ritt. Wenn dieses Buch für irgendjemanden ein kleines Emotional-Support-Gadget sein kann, dann habe ich mehr erreicht, als ich mir je erträumt habe.

Beim Schreiben dieses Buchs habe ich oft darüber nachgedacht, wann ich mich das erste Mal **von der Welt erholen** musste. War es nach einem langen Tag im Kindergarten oder der Grundschule? Oder nach einem nervtötenden Musikwettbewerb? Ich weiß auch nicht, wann ich das erste Mal bewusst **Feierabend** gemacht habe. Als Schülerin der Oberstufe nach einer Lern-Nachtschicht? Oder als Teenager in einem meiner ersten Jobs, beim Babysitting oder Nachhilfe geben? Die Forderung, dass wir etwas in diesem Leben leisten müssen, scheint seit dem Moment zu existieren, in dem wir auf die Welt purzeln. Diesen Leistungszwang bewusst in den Hintergrund zu rücken, fällt nicht leicht, da er quasi mit jeder Faser unseres Lebens verwoben ist. Gleichzeitig aber werden wir immer das Bedürfnis nach Ruhe und Ausruhen haben – und wenn wir es priorisieren und ihm mehr Raum geben, geht dadurch nichts verloren. Sich auszuruhen ist kein Luxus – es ist ein Menschenrecht. Es gehört zum Leben wie essen, trinken und atmen.

Ich wünsche mir, dass wir uns das Spielerische, das Zwischenmenschliche, das Kreative, das Verträumte zurück ins Leben holen, weil ich glaube, dass uns viele dieser Qualitäten und Ressourcen durch kapitalistische Zwänge systematisch genommen werden. Ich wünsche uns, dass wir unser Bedürfnis nach Ruhe, Tagträumen und Zeitverschwendung weniger pathologisieren und stattdessen als Spielwiesen betrachten, die wir uns gönnen müssen, weil sie uns ständig abtrainiert werden sollen. Es wird Zeit, dass wir zurückholen, was zu uns gehört! Menschen leiden aber ganz unterschiedlich unter diesen Zwängen. Wer erholt genug ist, sollte darüber nachdenken, andere zu unterstützen, um ihnen ein paar freie Stunden zu verschaffen. Die eigene Entspannung muss nicht auf Kosten anderer geschehen. Im Gegenteil kann man, wenn es richtig gut läuft, zurückgewonnene Kräfte dazu nutzen, einander zu unterstützen.

Ich habe mich bei den Arbeiten zu diesem Buch einmal quer durch meine Vergangenheit gewühlt, um ein Gefühl dafür zu bekommen, wie ich mich im Laufe der Zeit verändert und entwickelt habe. Ich habe alte Tagebücher und Fotos durchgesehen, einige meiner alten Klassenarbeiten gelesen, meine Arbeitszeugnisse und die verschiedenen Versionen meiner Lebensläufe angeschaut. Dabei habe ich mich auch an meine eigenen Ängste, Sorgen und vor allem die defizitären Gedanken erinnert, die ich oft über mich selbst hatte. Der Job, für den ich eigentlich nicht qualifiziert war und der mir peinsame zwei Monate in meiner Lebenshistorie bescherte – und die dazugehörige Firma, an deren Namen ich mich nicht mehr erinnere. Hausarbeiten für die Uni, die ich schrieb, als hinge mein Leben davon ab – und die heute kein Schwein mehr lesen würde, ich natürlich auch nicht. Fotos von mir in Bluse und Blazer, die an eine längst vergangene Zeit erinnern, in der ich mal als »Führungskraft« unterwegs war – und auf denen ich so gequält gucke, als wäre ich gerade durch einen Schlachthof marschiert.

Ich trauerte also auch ein bisschen: um die Versionen

von mir, die mit den Jahren immer wieder einige persönliche Vergnügen, Hobbies und Leidenschaften aufgaben, weil sie zu zeitintensiv, zu unnütz und meiner Produktivität nicht zuträglich genug erschienen. Um die Passionen, die nach und nach begraben wurden, weil sie nicht verwertbar waren. Denn auch wenn ich mir über die Jahre relativ viele Fluchttunnel bewahren konnte, war ich immer sehr empfänglich für die Botschaften der Leistungsgesellschaft.

Wie so viele habe ich lange Zeit gedacht, ich wäre nicht gut genug, nicht so motiviert, engagiert und fleißig, wie es auf irgendeine ominöse Art und Weise richtig gewesen wäre. Auch ich bin den Versprechungen der Leistungsgesellschaft auf den Leim gegangen – und bin ihnen zeitweise hinterhergejagt wie dem Idealgewicht, dem richtigen Aussehen und dem angesagtesten Lifestyle. So, wie ich im Nachhinein gern auf alle möglichen Diäten verzichtet hätte, hätte ich gern auch auf die Hustle-Gedanken in meinem Kopf verzichtet.

Bei allen Überlegungen hat sich die Erkenntnis, die ich schon im Kopf hatte, als ich dieses Buch plante, verfestigt: Am Ende werden es nicht individueller Ehrgeiz, Karriere- und Aufstiegswünsche sein, die unsere Welt besser machen, sondern das, was Menschen im Rahmen von Bündnissen, Solidargemeinschaften, persönlichen Beziehungen und gemeinsamen politischen Kämpfen erreichen können.

Seien wir sanft zu uns und nicht zum System. Vergessen wir nicht, dass jede_r, der_die schon mal gescheitert ist, Ungerechtigkeit erfahren hat, Erfahrungen mit Armut und Ausbeutung oder Abhängigkeiten gemacht hat, nicht aus Faulheit in diese Situationen geraten ist. Dass es Verlierer_innen und Versager_innen in diesem System geben muss, ist nämlich Teil der perfiden Spielregeln, die andere als glänzende Gewinner_innen dastehen lässt.

Selbst die Besten kann es kalt erwischen: Als ich in den letzten Zügen dieses Buches saß, starb die US-Sängerin Irene Cara, die den 80er-Jahre-Hit »What a Feeling« für den Flashdance-Soundtrack gesungen hat. Nur zufällig fand ich an ihrem Todestag heraus, dass sie nach dem Charterfolg ihres Songs, der heute ein Klassiker ist, nicht bezahlt worden war – und vor Gericht ziehen musste. Danach weigerten sich Plattenfirmen, mit ihr zusammenzuarbeiten: weil sie als Schwarze Frau auf ihr Recht gepocht hatte, fair bezahlt zu werden. Juristisch wurde ihrer Forderung später nachgegeben, und sie bekam dann jährlich ihre Tantiemen. Die waren angesichts des Erfolgs so umfangreich, dass sie Jahre später sagte, dass sie mehr Geld mit Nichtstun verdient habe als mit akuter Arbeit.

Aber ich schweife zu sehr ab. Es wird Zeit, dass wir zum Schluss kommen, denn ihr wisst ja: Wer sich zurückhält, ist schneller fertig. Denkt also noch mal an die goldenen Regeln des Anti-Girlboss-Mindsets:

Kein Job der Welt wird euch jemals lieben.

Perfekte Produktivität ist ein Mythos, den man uns vorgaukelt, damit wir unsere Grenzen immer weiter ausreizen und überschreiten.

Rest is Revolution. Sich auszuruhen ist ein widerständiger Akt.

Vielleicht ist es ein Anfang, den beliebten Slogan »Nicht jammern! Einfach machen!« umzuwandeln. In ein widerständiges »Auf jeden Fall jammern! Und auch einfach mal nichts machen!« Oder: »Let's be the nap we want to see in this world.«

Danksagung

Ich bin unendlich vielen Menschen dankbar, die mich in den letzten Jahren begleitet haben und die am Ende maßgeblichen Einfluss auf jedes Unterfangen hatten, an dem ich beteiligt war.

Ich danke meinen Eltern, die dieses Buch leider nicht mehr lesen können, aber auf jeden Fall dazu beigetragen haben, dass ich ein stolzer Anti-Girlboss geworden bin, und meinen Geschwistern.

Ich danke Jacinta Nandi, Hengameh Yaghoobifarah, Charlott Schönwetter, Nadine Lantzsch, Magda Albrecht, Anna-Sarah Hennig, Rebecca Brückmann, Ana Wetherall-Grujić, Nadia Doukali, Giulia Becker, Janne Blum und Undine Zimmer für jede Sekunde des Austauschs und lustiger Ablenkung in den letzten zwölf Monaten.

Dem *Missy Magazine* bin ich zu ewigem Dank verpflichtet, außerdem der Redaktion von *Neues Deutschland* und insbesondere Christian Klemm, der seit Jahren wie ein Profi mit meinen Prokrastinationsattacken umgeht.

Ich widme dieses Buch meinen Schwestern, Sarah und Samira, und all meinen Freund_innen, mit denen ich noch richtig viel chillen möchte: Irina, Caro, Susa, Holly, Nadine, Laura, Claudia, Kassem, Katrin, Elsa, Claudia, Placido, Nina, Nuer und Yvonne. Außerdem ist dieses Buch für alle Girlloser, ganz egal, ob sie es aus Versehen oder mit Vorsatz geworden sind!

Ich danke dem Ullstein-Verlag, und insbesondere Solveig Raschpichler für ihre starken Nerven, ihre Geduld und ihre Fähigkeit, mit einem Anti-Girlboss wie mir nicht durchzudrehen! Last but not least: Alfio Furnari danke ich dafür, dass er von Anfang an mein größter Cheerleader gewesen ist.

Anmerkungen

1. Sophia Amoruso: *#Girlboss: Wie ich aus einem Ebay-Shop das Fashionimperium Nasty Gal erschuf*, München: Redline Verlag, 2015.
2. Mirna Funk: *Who Cares! Von der Freiheit, Frau zu sein*, München: dtv, 2022.
3. Anja Maier: »Die Weiber denken, sie wären besser«, in: *taz.de*, 09.10.2011. https://taz.de/Kaffeehauschefin-ueber-Macchiato-Muetter/!5 110 280/ (letzter Zugriff: 16.08.2022)
4. Dante Fabiero: *Slothilda: Living the Sloth Life (Volume 1)*, New York City: Skyhorse Publishing, 2018.
5. Kara Nesvig: »Kim Kardashian Clarifies Her ›Nobody Wants to Work‹ Comments«, in: *Teenvogue.com*, 29.03.2022. https://www.teenvogue.com/story/kim-kardashian-clarifies-her-nobody-wants-to-work-comments (letzter Zugriff: 01.04.2022)
6. Thomas Block und Angelika Hellemann: »Sigmar Gabriel erklärt, warum wir länger arbeiten müssen«, in: *Bild.de*,

23.07.2022. https://www.bild.de/bild-plus/politik/inland/politik-inland/sigmar-gabriel-hier-erklaert-der-er-warum-wir-laenger-arbeiten-muessen-80 792 788.bild.html (letzter Zugriff: 26.11.2022)

7. ZEIT ONLINE, dpa, fa: »Christian Lindner fordert mehr Überstunden und weniger Steuern«, in: *ZEIT ONLINE*, 24.06.2022. https://www.zeit.de/politik/deutschland/2022–06/christian-lindner-ueberstunden-kriegssoli (letzter Zugriff am 26.11.2022)
8. Marcel Fratzscher: »Das größte Potenzial auf dem Arbeitsmarkt sind die Frauen«, in: *ZEIT ONLINE*, 19.08.2022. https://www.zeit.de/wirtschaft/2022–08/fachkraeftemangel-erwerbstaetigkeit-frauen-arbeitsmarkt-rente (letzter Zugriff: 23.08.2022)
9. Ebd.
10. Karl-Heinz Reith: »Schlusslicht in Sachen Chancengleichheit«, in: *gew.de*, 12.11.2021. https://www.gew.de/aktuelles/detailseite/schlusslicht-in-sachen-chancengleichheit (letzter Zugriff: 15.09.2022)
11. Katja Urbatsch: »Arbeiterkinder werden ausgebremst – das können wir uns nicht mehr leisten«, in: *wiwo.de*, 31.05.2021. https://www.wiwo.de/politik/deutschland/bildungsaufsteiger-in-chefetagen-arbeiterkinder-werden-ausgebremst-das-koennen-wir-uns-nicht-mehr-leisten/27 225 990.html (letzter Zugriff: 01.07.2022)
12. Anna Hammerschmid, Julia Schmieder, Katharina Wrohlich: »Frauen in Corona-Krise stärker am Arbeitsmarkt betroffen

als Männer«, in: *Diw.de*, 15.05.2020. https://www.diw.de/de/diw_01.c.789 751.de/publikationen/diw_aktuell/2020_0042/frauen_in_corona-krise_staerker_am_arbeitsmarkt_betroffen_als_maenner.html (letzter Zugriff am 19.06.2022)

13. Rainer Radtke: »Verteilung von Pflegekräften in Deutschland nach Geschlecht 2021«, in: *de.statista.com*, 14.11.2022. https://de.statista.com/statistik/daten/studie/1 029 877/umfrage/verteilung-von-pflegekraefte-in-deutschland-nach-pflegeart-und-geschlecht/ (letzter Zugriff am 21.11.2022)
14. Sheryl Sandberg: *Lean In: Frauen und der Wille zum Erfolg*, Berlin: Ullstein Verlag, 2015.
15. Alisha Haridasani Gupta: »The Sunsetting of the Girlboss Is Nearly Complete«, in: *nytimes.de*, https://www.nytimes.com/2022/05/26/style/glossier-emily-weiss.html (letzter Zugriff: 01.07.2022)
16. Courtney Rubin: »Last Girlboss Standing«, in: *bustle.com*, https://www.bustle.com/politics/glossier-emily-weiss-profile (letzter Zugriff: 19.11.2022)
17. Anonym To Glossier: »A Call for Accountability and Necessary Exchange«, in: *medium.com*, https://medium.com/@outtathegloss/to-glossier-a-call-for-accountability-and-necessary-change-17 954e34f6d1 (letzter Zugriff: 16.06.2022)
18. Anna Merlan: Lawsuit: »Nasty Gal's #GIRLBOSS Fired Employees For Getting Pregnant«, in: *Jezebel.com*, 09.06.2015. https://jezebel.com/

lawsuit-nastygals-girlboss-fired-all-her-pregnant-emp-171 00 4 2755 (letzter Zugriff: 01.09.2022)

19. Audra Heinrichs: »It's Officially The End Of The Millenial Girlboss Era«, in: *jezebel.com*, 25.02.2022. https://jezebel.com/its-officially-the-end-of-the-millennial-girlboss-era-184 897 2 166 (letzter Zugriff: 28.11.2022)
20. *Seinfeld*, Staffel 7, Folge 5, »Der Marathonläufer«, Erstausstrahlung: 19. Oktober 1995.
21. Sophia June: »The Celebrity ›Nepo Baby‹ Obsession Doesn't Matter«, in: *nylon.com*, 17.11.2022. https://www.nylon.com/life/celebrity-nepo-baby-nepotism-hollywood (letzter Aufruf: 19.11.2022)
22. Véronique Highland: »Lily-Rose Depp Is An Idol Rising«, in: *elle.com*, 16.11.2022. https://www.elle.com/culture/celebrities/a41 894 075/0125–0141-an-idol-rising-december-2022/ (letzter Zugriff: 20.11.2022)
23. Es handelt sich um die TikTok-User_innen @irgendwaseben und @noahbibble.
24. Sophia Amoruso auf Twitter: https://twitter.com/sophiaamoruso/status/153 209 222 165 412 6 592?s=20&t=D 29NbmavxfptlBgI2KwBlA (letzter Zugriff: 30.11.2022)
25. Thomas Piketty: *Capital in the Twenty-First Century*, Cambridge: Harvard University Press, 2013.
26. Sarah Jaffe: *Work Won't Love You Back – How Devotion to Our Jobs Keeps Us Exploited, Exhausted and Alone*, New York: Bold Type Books, 2021.

27. Ebd., S. 3
28. Ebd.
29. Charles Bukowski: *Der Mann mit der Ledertasche*, München: dtv, 1971.
30. bell hooks: *Feminismus für alle*, Münster: Unrast Verlag, 2021.
31. Ebd., S. 64
32. Ebd., S. 64
33. Ebd., S. 78
34. Sabine Heise: »Frauen-Arbeiten – Zwischen Beruf und Berufung«, in: *lwl.org*, https://www.lwl.org/westfaelische-geschichte/portal/Internet/input_felder/langDatensatz_ebene4.php?urlID=405&url_tabelle=tab_websegmente (letzter Zugriff: 02.09.2022)
35. Simone Schmollack: »Angleichung im Schneckentempo«, in: *taz.de*, 10.03.2021. https://taz.de/Equal-Pay-Day/!5 757 438/ (letzter Zugriff: 02.07.2022)
36. Vicky Spratt: »Let 2020 Be The Year We Get Rid Of Girlboss Culture For Good«, in: *Refinery29.com*, 20.01.2020. https://www.refinery29.com/en-gb/2020/01/9 044 921/girlboss-culture-women-work (letzter Zugriff: 15.04.2022)
37. Roger Dobson: »The Stress of Marriage Shortens Your Life by a Year (if You're the Wife)«, in: *independent.co.uk*, 26.02.2006. https://www.independent.co.uk/life-style/health-and-families/health-news/the-stress-of-marriage-shortens-your-life-by-a-year-if-you-re-the-wife-5 335 547.html, (letzter Zugriff: 19.08.2022)
38. Lulu Garcia-Navarro: »Shakira Is Making New Music, Healing,

and Having Her Say«, in: *elle.com*, 21.09.2022. https://www.elle.com/culture/celebrities/a41 296 977/shakira-elle-digital-cover-october-2022/ (letzter Zugriff: 30.10.2022)

39. Stephanie Sengwe: »Why Did Tom Brady and Gisele Bündchen Divorce? Here's What They've Recently Said About Their Relationship«, in: *people.com*, 28.10.2022. https://people.com/celebrity/why-did-tom-brady-and-gisele-bundchen-divorce-heres-what-theyve-said-about-their-relationship/ (letzter Zugriff: 29.11.2022)
40. Sabine Schlingmann: »Bildungschancen in Deutschland – Diversität und Bildungsgerechtigkeit«, in: *Hspv.nrw.de*, 16.03.2022. https://www.hspv.nrw.de/nachrichten/artikel/themenreihe-weltoffene-hochschulen-12 (letzter Zugriff: 12.03.2022)
41. Bettina Hannover und Karen Ollrogge: »Bildungsungleichheiten zwischen den Geschlechtern«, in: bpb.de, 26.02.2021. https://www.bpb.de/themen/bildung/dossier-bildung/315 992/bildungsungleichheiten-zwischen-den-geschlechtern/ (letzter Zugriff: 19.02.2022)
42. Elise Ackermann: »Superiority of Female Workers Confirmed: Study Finds Women Really Do Work Longer And Harder Than Men«, in: *forbes.com*, 24.02.2013. https://www.forbes.com/sites/eliseackerman/2013/02/24/superiority-of-female-workers-confirmed-study-finds-wome

n-really-do-work-longer-and-harder-than-men/ (letzter Zugriff: 23.05.2022)

43. Erin Bruegger: »The Break-Up Ice-Cream Binge«, in: *Jackmansjourney.com*, 01.08.2013. https://jackmansjourney.com/2013/08/01/the-break-up-ice-cream-binge/ (letzter Zugriff: 30.11.2022)
44. Farah Daibes: »Ökofemininismus: Der Ausweg aus dem patriarchalischen Kapitalismus«, in: *fes.de*, 06.12.2021. https://www.fes.de/themenportal-die-welt-gerecht-gestalten/artikel-in-die-welt-gerecht-gestalten/oekofeminismus-der-ausweg-aus-dem-patriarchalischen-kapitalismus (letzter Zugriff: 30.11.2022)
45. Ebd.
46. Ebd.
47. Ebd.
48. Mona Chollet: *Hexen: Die unbesiegte Macht der Frauen*, Hamburg: Edition Nautilus, 2022.
49. Ebd.
50. Jenny Odell: *Nichts tun: Die Kunst, sich der Aufmerksamkeitsökonomie zu entziehen*, München: C. H. Beck, 2021.
51. Hendrikje Rudnick: »Das ist der spektakuläre Fall der deutschen Hochstaplerin Anna Sorokin«, in: *Businessinsider.de*, 14.02.2021. https://www.businessinsider.de/panorama/der-spektakulaere-fall-der-deutschen-hochstaplerin-anna-sorokin/ (letzter Zugriff: 15.11.2022)
52. Meagan Day: »Der Neoliberalismus untergräbt unser

Selbstwertgefühl«, *Jacobin.de*. https://jacobin.de/artikel/der-neoliberalismus-untergraebt-unser-selbstwertgefuehl-perfektionismus-depression-angststoerung-thomas-curran-andrew-hill/ (letzter Zugriff: 28.11.2022)

53. Ebd.
54. Ebd.
55. Ebd.
56. Ebd.
57. Orla Pentelow: »Molly-Mae Has Shared A Personal Apology After ›Same 24 Hours‹ Comment.«, in: *Bustle.com*, 10.01.2022. https://www.bustle.com/entertainment/molly-mae-apologises-for-everyone-has-the-same-24-hours-comment (letzter Zugriff: 30.11.2022)
58. Jürgen Glaser, Martina Molnar, Franziska Knoop: »Psychische Belastungen und Stress in der Arbeit. Ursachen, Folgen, Lösungen«, in: *Wien.arbeiterkammer.at*, 01.05.2018. https://www.wien.arbeiterkammer.at/publikationen (Letzter Zugriff: 07.12.2022)
59. Bill Murphy: »This Ex-CEO's Insane Morning Routine Is the Most Tragic Example I've Ever Seen«, in: *inc.com*, 06.12.2021. https://www.inc.com/bill-murphy-jr/this-ex-ceos-insane-morning-routine-is-most-tragic-example-ive-ever-seen.html (letzter Zugriff: 06.12.2022)
60. James Clear: *Atomic Habits: An Easy & Proven Way to Build Good Habits & Break Bad Ones*, London: Penguin Books 2019.
61. Fayadh Ahmed: »The Concept of No More Zero Days and Why Motivation is fleeting«, in: *medium.com*, 26.05.2016.

https://medium.com/@fayadh56/the-concept-of-no-more-zero-days-and-why-motivation-is-fleeting-9c1c307f8 948 (letzter Zugriff: 03.05.2022)

62. Ebd.
63. Simone Schmollack: »Junge wollen nicht mehr arbeiten«, in: *taz.de*, 03.10.2022. https://taz.de/Die-These/!5 883 362/ (letzter Zugriff: 12.11.2022)
64. Janina Mütze: »Verwöhnt, arbeitsscheu und empfindlich? Was an den Vorurteilen gegen die Generation Z dran ist«, in: *Rnd.de*, 13.10.2022. https://www.rnd.de/wirtschaft/generation-z-verwoehnt-faul-empfindlich-was-ist-an-den-vorurteilen-dran-MMGB6GEUZZFHXOLR64DIHBN4Q 4.html (letzter Zugriff: 30.11.2022)
65. Tricia Hersey: *Rest is Resistance: A Manifesto*. New York City: Little Brown Spark, 2022.
66. Ebd., S. 15
67. For the Wild: »Tricia Hersey on Rest as Resistance«. forthewild.world, 08.06.2020. https://forthewild.world/listen/tricia-hersey-on-rest-as-resistance-185 (letzter Zugriff: 22.06.2022)
68. Ebd., S. 10 f.
69. Die Schreibweise »Schwarz« verwende ich, um deutlich zu machen, dass es sich nicht um tatsächliche »Hautfarben« handelt, sondern dass es sich um eine Kategorie handelt, die politisch und sozial konstruiert wurde.
70. Melissa Kimble: »Simone Biles, Naomi Osaka, and the Revolutionary Power of Black Women's Rest«, in: *Glamour.com*,

28.07.2021. https://www.glamour.com/story/simone-biles-naomi-osaka-and-the-revolutionary-power-of-black-womens-rest (letzter Zugriff: 07.12.2022)

71. Amanda Miller Littlejohn: »Black professional women are exhausted. They're finally claiming the time to rest«, in: *Washingtonpost.com*, 20.08.2021. https://www.washingtonpost.com/business/2021/08/20/black-women-professionals-rest/ (letzter Zugriff: 07.12.2022)
72. Audre Lorde: *A Burst of Light and Other Essays*, Mineola, New York: Dover Publications 2017, S. 130.
73. Bayo Akomolafe: »The Times Are Urgent: Let's Slow Down«, in: *bayoakomolafe.net*. https://www.bayoakomolafe.net/post/the-times-are-urgent-lets-slow-down (letzter Zugriff: 28.11.2022)
74. Elena Bilheimer: »What Is The Role of Rest in Revolution?«, in: *yournec.org*, 28.03.2022. https://www.yournec.org/what-is-the-role-of-rest-in-the-revolution/ (letzter Zugriff: 30.10.2022)
75. Nina Monecke: »Frauenstreik am 8. März: Wir sind der ›umgekehrte Fight Club!‹«, in: *ZEIT ONLINE*, 17.02.2019. https://www.zeit.de/zett/politik/2019–02/frauenstreik-am-8-maerz-wir-sind-der-umgekehrte-fight-club-feminismus (letzter Zugriff am 20.08.2022)